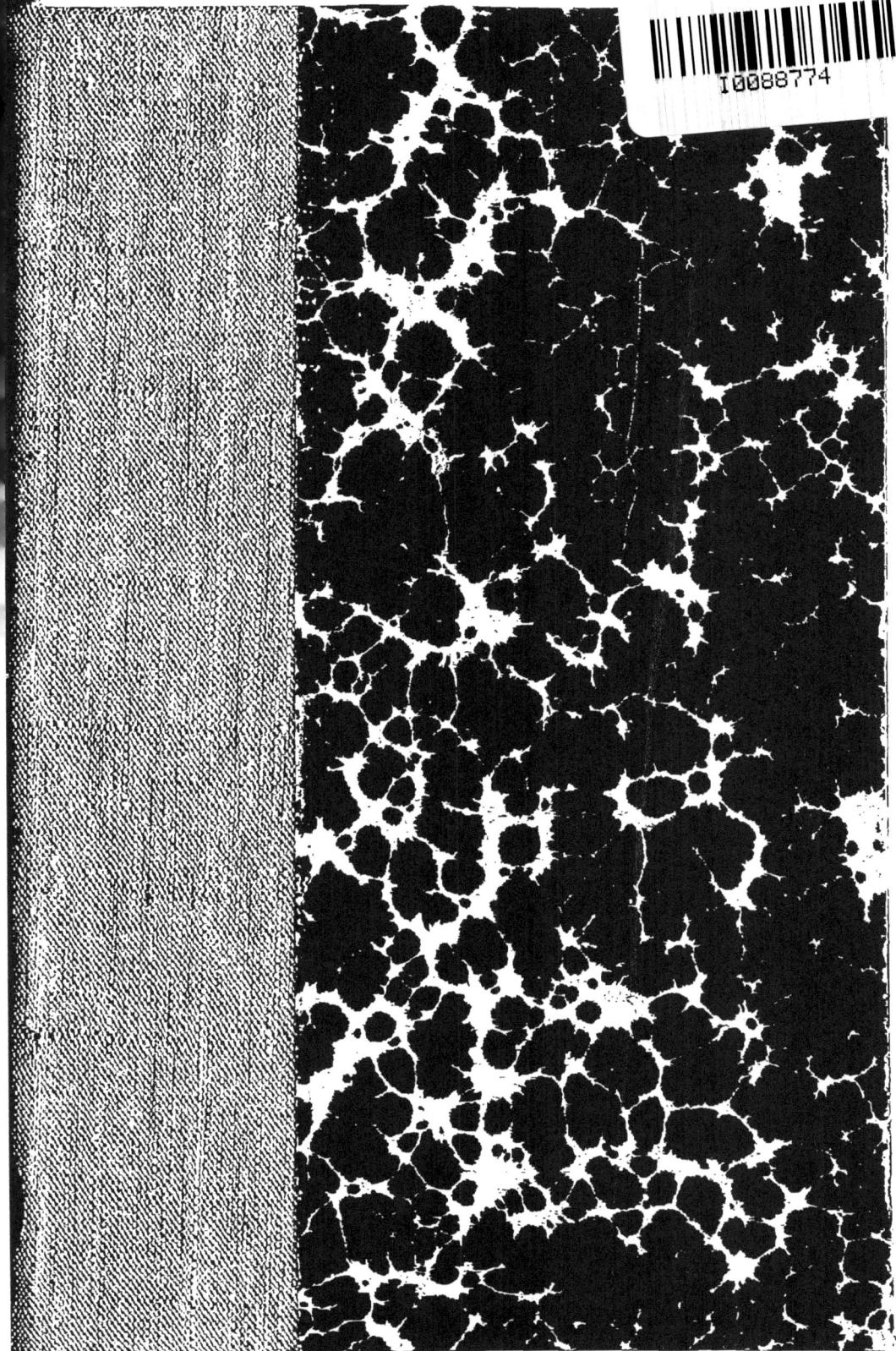

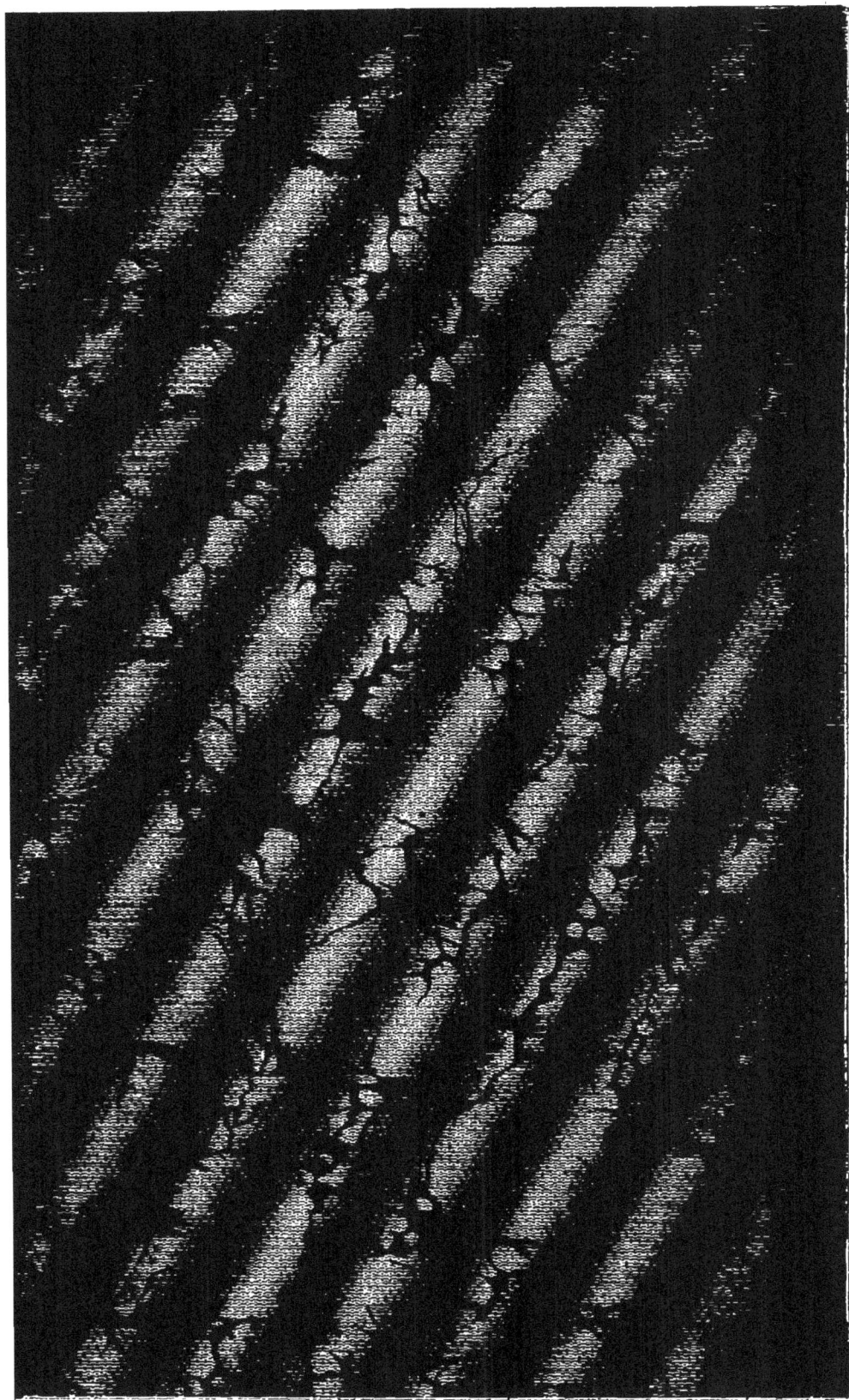

LA RUÉE

DU MÊME AUTEUR

HENRY RUFFIN

LA RUÉE

OU

L'HISTOIRE D'UNE DÉCEPTION

(Juin 1917 — Avril 1918)

PRÉFACE DE HENRY BIDOU

§

PARIS

12, RUE LA BOËTIE

ÉDITIONS DE LA SIRÈNE

MCMXVIII

A

NEVILLE LYTTON

DE QUI L'ON PEUT ÉCRIRE EN TOUTE VÉRITÉ

QU'IL A DEUX PAYS

« LE SIEN, ET PUIS... LA FRANCE ! »

TABLE DES MATIÈRES

LETTRE - PRÉFACE

DE HENRY BIDOU A L'AUTEUR

Mon cher Ami,

Dans ce temps où nous vivons la guerre avant d'en lire les récits, les livres des correspondants militaires ont un singulier intérêt. Sans doute les combattants peignent des émotions plus directes et plus poignantes ; les critiques et les historiens portent des jugements plus réfléchis ; mais les correspondants participent des uns et des autres ; ils ont encore la vue directe du terrain, des combattants et sinon des actions d'infanterie, du moins du duel d'artillerie, dans lequel ils vivent ; et en même temps ils ont déjà une information d'historiens.

Ils sont même seuls à avoir une documentation vraiment digne de l'histoire, puisque

les officiers des états-majors ne peuvent pas
écrire. Les correspondants de guerre sur le
front britannique connaissent les rapports
d'armée, les plans directeurs, l'ordre de la
bataille. La veille d'une offensive, le chef
d'état-major de l'armée qui va être engagée
leur explique lui-même le dessein de l'action
du lendemain. Il leur montre la ligne des
objectifs à atteindre, le plan d'engagement,
l'itinéraire du barrage roulant. Le lendemain
le correspondant pourra se rendre compte
aisément et reconnaître au premier coup
d'œil si ces objectifs ont été atteints. Il en
rendra témoignage pour la postérité.

En lisant ton beau livre, j'évoquais les
journées passées en Flandre, l'automne
dernier. Tu te rappelles notre vie. Après
cette conférence que je viens de dire, nous
rentrions dans l'obscurité, sur les pavés
pointus et par les rues penchantes, dans
cette petite auberge qui nous servait de mess.
Je revois la salle longue, avec ses deux fenêtres basses qui donnaient sur la place, la
grande table où l'on mangeait et où l'on
écrivait, les cartes au mur, les journaux

entassés, les manteaux pêle-mêle avec les casques, et ce guéridon où la servante flamande lavait la vaisselle pendant que nous composions nos articles.

C'étaient d'émouvantes soirées que ces veilles de combat ; chacun de nous avait le cœur un peu serré en regagnant la maison où il était logé. Que de fois nous avons traversé la petite ville, qu'un beau clair de lune inondait de sa lueur bleuâtre ! L'église couverte de lierre élevait sa forme massive sur l'air transparent ; au loin les lueurs de l'artillerie, réfractées dans les nuages bas, ressemblaient à des éclairs de chaleur.

Avec quelle anxiété on attendait le lendemain les premières nouvelles ! On interrogeait le temps, et cette petite pluie fine des Flandres nous serrait le cœur. Cependant quelques-uns des officiers qui sont avec nous étaient allés aux quartiers généraux ; ils revenaient et on les entourait. Je revois, dans les bons jours, leurs figures radieuses : « Les Australiens ont atteint tous leurs objectifs. » Ou encore : « Les blessés racontent que le barrage allemand s'est déclenché trop tard. »

L'après-midi, par groupes de deux, nous allions nous-mêmes aux corps d'armée, aux divisions. Et le lendemain, quand le prodigieux mouvement qui encombre les routes un jour d'action s'était un peu ralenti, nous allions sur le terrain.

Paysages des Flandres ! Longue route sous les arbres que nous avons vu se défeuiller ! Petits bourgs changés en places de guerre, avec les lourds tracteurs rangés, prairies vertes que nous avons vu blanchir sous le givre d'automne, haies qui ceigniez les enclos, maisons isolées dont nous reconnaissions la lumière le soir ! Voici Poperinghe portant déjà les premières cicatrices de la guerre, et au bout d'une longue route droite, où siffle par moments un obus, voici Ypres, le cadavre d'Ypres ! Des rues entre des fantômes de maisons ; les unes ne sont plus qu'une façade vide, un mur inutile, troué de fenêtres ; les autres se sont affaissées sur elles-mêmes, et ont rempli leur rez-de-chaussée d'un tas immense de gravats ; elles se sont ensevelies dans leurs murs encore debout. Il y a des coins éventrés,

des faîtes découpés qui font une silhouette
sur le ciel, mais pas une toiture, pas une
seule. Nous avons vu ces restes s'abîmer eux-
mêmes peu à peu. Nous faisions le projet
d'observer du haut de tel édifice, et quand
nous arrivions, cet édifice était une rampe de
décombres. Toujours quelque obus éclatait
avec fracas, on ne savait où. Mais les rues
étaient gardées nettes. Les éternels tracteurs
roulaient. Des soldats insouciants flânaient
aux entrées, sinon aux portes de ces maisons prêtes à tomber sur eux. Enfin au bout
d'une place s'élevait une grande forme
blanche, incertaine de dessin, comme l'est
un corps sous un suaire, plus rongée et défi-
gurée que les plus vieux monuments dévo-
rés par le temps, inégale, sans arêtes, avec
des parties encore en place, et d'autres qui
n'étaient plus que des coulées de pierre, mais
gardant encore dans cette ruine, cette no-
blesse intérieure et cette espèce d'âme que
le génie humain communique à jamais à la
pierre qu'il a redressée : c'étaient les Halles
d'Ypres.

Au delà, c'était déjà le champ de bataille,

le canal changé en fossé vert, les routes ca-
mouflées, où passaient les toitures de toutes
sortes; dans celles de la Croix-Rouge, sur le
siège, à côté du conducteur, un blessé de
la face, assis pour éviter l'étouffement, mon-
trait son visage couvert de bandes ensan-
glantées. Des mulets portaient leurs bâts de
toile avec les obus dans les pochettes. Parfois quelque spectacle étrange nous surpre-
nait. Un matin nous vîmes un beau cava-
lier, droit sur sa selle, et qui portait en travers de l'arçon, négligent du symbole, une
grande croix blanche toute préparée pour
le cimetière. De temps en temps, la file des
voitures s'immobilisait. D'un champ voisin,
la gueule énorme d'un canon s'élevait avec
lenteur. Ainsi les chiens qui vont aboyer
lèvent la tête. Un fracas effroyable ébranlait
l'air, et le monstre retombait. A mesure que
l'on avançait de grandes étendues se décou-
vraient. Ces villages à peine reconnaissables,
ces taches noires des bois portaient des
noms immortels, qui seront sacrés pour
toute l'humanité. Ce cube luisant là-haut,
c'était Passchendaele. Cette ligne noire à

gauche c'était la forêt de Houthulst. Cette butte blanchâtre dans ces massifs sombres, c'était le centre du Polygone.... Partout nous avions le sentiment de terrain conquis, de la volonté des Alliés imposée à l'ennemi ; ce bout de terrain où nous nous étions arrêtés, c'était — nous le reconnaissions en le tâtant de notre canne, — c'était le haut d'un mur enlisé dans la boue qui avait monté jusqu'au faîte et noyé la maison. Mais cette maison ensevelie dans ce matelas de limon, et dont nous avions atteint le sommet sans nous apercevoir de sa présence, c'était la maison d'un village repris à l'ennemi.

Nous rentrions alors ; chacun apportait aux autres le résultat de son enquête, de son travail ; tout l'effort du jour était mis en commun ; et l'on écrivait autour de la table chargée encore de sa nappe sale, tandis que de moments en moments un autre puis un autre revenait, crotté ou poussiéreux, ou ruisselant de pluie et la figure rougie. Voilà ce qu'était notre petite ruche, si différente de ce que le public imagine ; laborieuse, ayant une vie assez dure ; les longues randonnées en auto, et pour ceux qui les pouvaient faire, les longues courses à travers champs ; les parcours dans un terrain impossible, dont les meilleures parties étaient du caillebotis glissant et gluant, entre les mares ; le devoir d'écrire après la fatigue du jour, tout cela faisait une existence qui avait sa rudesse, mais gaie, adoucie par une concorde qui allait jusqu'à l'amitié.

Voilà ce qu'était l'existence des correspondants, et le témoignage qu'ils pouvaient porter. Ce témoignage, tu l'as rendu. Toutes ces heures émouvantes revivent dans ton livre avec une intensité singulière. Mais aussi tu as fait autre chose et mieux. Tu as écrit la première histoire suivie de la glorieuse campagne de 1917. Déjà TUDESQ et toi, vous nous avez raconté dans la *Mâchoire carrée*, puis dans *Notre Camarade Tommy*, les campagnes de l'hiver de 1916 et du printemps 1917, la bataille de l'Ancre et la retraite allemande. Tu nous donnes ici non seulement le tableau le plus vivant, mais l'explication la plus claire de la bataille des Flandres.

Cette bataille a un préambule. Avant d'exécuter le dessein principal qui était l'opération autour d'Ypres, Sir Douglas Haig exécuta le 9 avril la grande attaque qui le rendit maître de la crête de Vimy, puis pendant toute la fin du printemps et le commencement de l'été, il dessina devant Lens des mouvements de nature à tromper l'ennemi sur ses véritables projets. Les exploits du corps canadien qui avait fait de ce front de Lens son domaine, resteront fameux. Mais ces combats sont marqués pour nous par un bien triste souvenir. C'est devant Lens, sur cette petite colline plate et nue, qui émerge du paysage comme un dos de baleine, que notre pauvre camarade Basset a été tué. Tu étais là avec Bedolo et le capitaine Hale. Tu l'as reçu dans tes bras ; tu l'as porté jusqu'au trou d'obus où il a agonisé ; c'est toi qui le réconfortais dans ces douloureux moments ; c'est à toi qu'il confiait ses dernières pensées ; vous avez passé là une heure sous le feu déchaîné par l'ennemi ; enfin Bedolo a pu ramener les brancardiers, et vous avez commencé cette tragique descente, de trous

d'obus en trous d'obus, pendant laquelle
BASSET a expiré. Ton livre reste le seul récit
authentique et direct de cette mort ; il est
comme placé sous l'évocation de cette mémoire glorieuse et chère.

Tu as montré comment, après les combats
de Lens, la bataille s'ouvrit le 7 juin, par un
coup de tonnerre ; — la crête de Messines fut
enlevée ; ainsi tout le flanc droit de l'armée
fut assuré et l'ennemi privé des vues que nos
alliés gagnaient. Et quelles vues ! Te rap-
pelles-tu ce tas de pierres sur ce plateau ra-
vagé ? De là on voit devant soi, le long dos
blafard de la cote 60 et, plus loin, des bois
confus, des ruines de bois si l'on peut dire,
qui s'interrompent et se mêlent jusqu'à l'horizon. Cet horizon est formé par une ligne
droite, une horizontale qui est la route à
jamais célèbre d'Ypres à Menin. On voyait
s'élever vers le ciel le clocher encore
intact de Gheluvelt. Puis le terrain s'abais-
sait de toutes parts vers la droite, et, dans
des fonds verdoyants qui miroitaient au soleil, on voyait la vallée de la Lys et tous les
petits bourgs qui la bordent ; en d'autres

temps on eût pensé à ces villages peints avec
tant de soin sur les tableaux flamands. Au
delà de la Lys, le sol se relevait et l'on distin-
guait au loin, comme des taches de lumière
étendues et un peu roses, Tourcoing et Lille.

Dans le lointain, ces villes noires n'avaient
plus leur couleur sombre ; elles brillaient au
fond du tableau comme des apparitions,
des apparitions en effet, et si poignantes à
regarder.

La véritable bataille commença le 31 juillet ; tu en as marqué clairement le dessein et
les étapes ; et tu as fait voir cette lente conquête de la faucille des monts qui entoure
Ypres ; d'abord l'enlèvement du point culminant, Glencorse wood et Heerentage.
Puis le progrès par l'aile gauche, jusqu'aux
lisières de la forêt de Houthulst et jusqu'à
la dernière étape, jusqu'au village glorieux
de Passchendael, sur l'extrémité de la crête.
Désormais le Houtland d'Ypres était aux
mains de nos alliés, et l'ennemi était rejeté
dans les bas fonds où il a passé l'hiver. Sa
position était devenue si mauvaise qu'au
commencement de 1918, quand il voulut

recommencer la lutte devant Ypres, il dut tâcher d'abord de reconquérir des positions de départ ; à quoi il ne put d'ailleurs pas réussir.

La bataille d'Ypres était finie. Tout à coup éclatait, le 20 novembre 1917, la surprise de Cambrai. Nos alliés, par une attaque préparée dans le plus grand secret, en s'aidant pour la première fois de tanks en grand nombre, crevaient la ligne Hindenburg ; malheureusement ils ne couvraient pas assez leur flanc droit, et les Allemands y lançaient le 30 une riposte qui reprenait tout le terrain enlevé au delà de cette ligne.

L'hiver se passait dans l'attente. L'ennemi rassemblait ses forces et mûrissait son plan ; enfin le 21 mars, von Hutier tombait avec 20 divisions sur la Ve armée. Je me rappelle une promenade que nous fîmes ensemble, le 23, jusqu'à la Somme, où l'on préparait une ligne de défense qui ne devait pas être utilisée. Nous vîmes alors pour la dernière fois ce paysage si familier à nos yeux, Péronne avec la crête pâle et plate du mont, Saint-Quentin, et Nesle déjà vide, et Ham où nous

rencontrions les uniformes bleu horizon. Il
faisait une radieuse journée. Nous vîmes un
état-major s'installer au bord d'une route.
Les paysans s'en allaient, l'aïeul à la tête
des chevaux, devant le chariot chargé de
meubles, suivi des femmes et des enfants,
figures graves, mais sans cris et sans déses-
poir ; et sur un mur bas, était assise une
vieille, l'air têtu et farouche, et qu'aucune
force n'aurait arrachée à sa maison.

Le 28, au moment même où nous quit-
tions Amiens, l'ennemi était arrêté à l'ouest
de Montdidier. Il était contraint de monter
en toute hâte une autre attaque : le 9 avril,
commençait la bataille de la Lys, et c'est
encore avec toi que je vis à Steenvoorde ce
beau régiment français alerté, les sections
derrière les haies, où les uniformes bleu-pâle
avaient la couleur de la prunelle quand elle
se veloute à la fin de l'été. Les obus tombaient sur la ville ; et à moins de 500 mètres,
deux maçons achevaient tranquillement de
construire une maison : optimisme tranquille,
acte de foi dans les destins de la patrie.

Cette bataille de la Lys est la dernière où

une armée anglaise constituée ait combattu cette année. Telles sont les étapes que tu as marquées, faisant une œuvre qu'il est bien rare de pouvoir accomplir, l'œuvre double de l'historien et du témoin ; et tu nous a ainsi donné un livre qui restera deux fois précieux pour l'histoire, tableau et récit, monument consacré à l'amitié des deux peuples.

HENRY BIDOU.

AVANT-PROPOS

Tout assaut est une ruée.

Mais ce n'est pas la raison, la seule raison pour laquelle j'ai réuni dans le même livre et sous le même titre des récits se référant à des événements et à des époques en apparence si différents.

Que le lecteur consente à regarder ce livre d'un peu près et à suppléer à ce qui lui manque — tâche ardue, j'en conviens — il découvrira certainement le lien qui enchaîne les uns aux autres les divers chapitres de cet ouvrage.

Au lieu d'expliquer, en des considérations savantes, comment la grande ruée de 1918 fut rendue possible, d'une part par la défection russe et de l'autre par l'affaiblissement de l'ar-

mée britannique au cours des combats glorieux
mais sanglants de 1917, j'ai préféré au sein des
événements, te jeter avec le soldat au devant de
la ruée et, faisant de toi un témoin pareil à moi-
même, t'obliger à tirer les conclusions que j'eusse
été incapable de te soumettre dignement.

Je te laisse donc le soin de relier entre eux
les événements dont le récit va suivre.

Pourrais-tu au surplus t'égarer sérieusement
quand ce récit qui commence avec l'été de 1917
dans les Flandres te ramène aux mêmes lieux
dès le printemps de cette année ? Demande donc,
en passant, aux moulins que tu rencontreras sur
la route, pourquoi une sorte de fatalité historique
exige qu'à leurs pieds se soient déroulés dans le
passé et se déroulent sans cesse aujourd'hui tant
de rencontres et de massacres d'hommes.

Moulins des Flandres, moulins de tous âges,
de toutes tailles, belges ou français, simples ou
compliqués, riches ou pauvres, bâtis sur des sou-
bassements de pierre ou simplement posés à
même la terre, orgueilleusement perchés au
sommet des « monts » ou timidement élevés au
flanc des coteaux verdoyants, quand sortirez-
vous de votre désespérante immobilité ? Quand
laisserez-vous vos airs figés, mélancoliques ? On
dit qu'un règlement militaire inexorable em-

pêche depuis trois ans vos ailes de tourner. Je crois plutôt que les moulins, pareils à de timides personnes, se sont arrêtés d'eux-mêmes au milieu de leur travail séculaire ; que leurs ailes, comme de grandes oreilles attentives se sont dressées pour mieux entendre la grande voix des grands canons de la grande guerre.

Les moulins des Flandres sont les témoins immobiles et en apparence seulement insensibles de la formidable bataille qui se livre à leur pied. Ils ont vu passer depuis quatre ans et demi, à peu près tous les types de soldats de la terre, des défilés ininterrompus et divers d'uniformes, d'armes et de charrois. A leur ombre, des milliers de soldats se sont couchés, l'espace d'une halte, en se rendant à la bataille ou quand ils en revenaient, ils étaient couverts de poussière et la sueur tombait de leur front aussi dense que le grain naguère dans la meule, et les moulins ont eu pitié.

Que d'histoires entendues au passage par leurs grandes oreilles de lapins : souvenirs émus du pays natal, tendres propos dont de chers êtres laissés en France, en Irlande, en Écosse, en Grande-Bretagne étaient les sujets coutumiers ; propos de haine à l'adresse d'un ennemi félon, récits des derniers combats contés entre deux bouchées de pain. Moulins, Moulins des Flandres, que ne pouvez-vous écrire tout ce que vous avez entendu !.....

Un soir d'avril de cette année, aux environs du mont Kemmel, près du Moulin Rouge, ainsi nommé parce qu'auprès de lui s'élève une vieille ferme rabougrie d'argile rouge, j'ai vu passer un régiment français. Les hommes marchaient dans un nuage de poussière, beaux comme des demi-dieux. Ils chantaient, les yeux fixés droit devant eux, une vieille chanson française :

> Là-haut sur la colline
> Y a un joli moulin.

Quand soudain un des chanteurs dont la capote et la chemise ouvertes mettaient la poitrine à nu, nous interpella sur le bord de la route en criant :

> On va en moudre !

et son bras brusquement étendu désignait le moulin immobile.

Par quel concours de circonstances la bataille, pendant l'hiver apaisée, est venue déferler à nouveau dans ce malheureux pays avec une violence qui dans le cours des siècles n'avait jamais été atteinte, c'est ce que ce recueil de souvenirs, ami lecteur, t'aidera peut-être à comprendre.

Recueil de souvenirs et non pas livre d'his-toire ; et si quelque enchaînement relie les uns aux autres les événements que je vais raconter, c'est que vraiment l'écrivain qui se mêle d'écrire sur la guerre ne peut échapper à la terrible lo-gique des faits.

En tous cas, livre de bonne foi par où tu verras peut-être, lecteur, comment vivait et travaillait pendant la guerre cette bête étrange, mi-soldat, mi-civil, un peu plus que journaliste, un peu moins qu'historiographe qu'on appelait un « cor-respondant de guerre ».

Aux Armées, 18 avril 1918.

H. R.

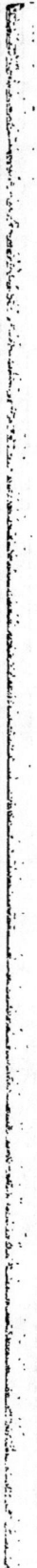

PREMIÈRE PARTIE

LA MACHINE A TUER DU BOCHE

CHAPITRE PREMIER

27 juin, 15 heures, sous Lens.

Je vois la ville comme je vous verrais si je vous racontais de vive voix tout ce que j'ai devant mes yeux. Imaginez que vous êtes aux portes de Paris, dans une de ces bicoques de bois qui constituent le domaine de la gent chiffonnière et que vous n'êtes séparés de la grande ville que par le court espace de la zone militaire. Supposez que cette zone soit le « no man's land », la terre qui n'appartient à personne et prenez pour une tranchée allemande le grand fossé qui entoure la cité. Nous ne sommes pas plus loin de Lens que vous-mêmes des premières maisons de Paris. Les corons de briques rouges où un peuple de travailleurs, le nôtre, et des nuées d'enfants, allaient et venaient naguère, la cité ouvrière par excellence, administrée par le brave

Basly, la voici à deux pas de nous, déserte, sans voix, sans mouvement, et dans quel triste état !

Tout à l'heure, quand nous nous dirigions vers ce lieu en passant par le Bouton de Vimy, nous pouvions encore nous faire des illusions. Illusions fréquentes sur les champs de bataille d'aujourd'hui ; telle ville, tel village aperçu dans le lointain ressemble à ces coquettes dont on sait que le temps les a plus ou moins abîmées, mais qui, par les artifices de l'art, vous arrachent des exclamations de surprise. « C'est curieux, dit-on, je la croyais plus touchée ! » Nous disions exactement la même chose de Lens jusqu'au moment où nous l'avons pour ainsi dire regardée sous le nez, longuement, bien longuement. Nous avons promené nos regards sur tous les points de la cité et elle nous est apparue lamentable.

Tel édifice, qui a l'apparence de la santé, possède le plus souvent une blessure invisible. Allons ! Encore une ville qu'il faut inscrire au livre des cités martyres.

L'atmosphère est aujourd'hui d'une pureté exceptionnelle. Toute la région est visible, depuis Lens jusqu'à Hénin-Liétard et Carvin. En de nombreux points de l'horizon incendié par le soleil, des colonnes de fumée s'élèvent ; fumée

des incendies, poussière des explosions. Les
canons britanniques, dont la voix tonnante
monte derrière nous comme celle d'une foule en
marche, fouillent au loin les repaires de l'ennemi, recherchent les emplacements des batteries
allemandes, canonnent les troupes en marche,
font sauter les dépôts de munitions, en un mot
s'appliquent scientifiquement à rendre ce morceau
de terre française inhabitable à l'ennemi.

Nous sommes devant Lens assiégée.

28 juin.

La grande offensive des Flandres est fixée au
31 juillet. Et l'on se bat sous Lens depuis le
début de juin. Qu'est-ce à dire ? A quoi riment les
efforts répétés de nos alliés britanniques et leur
acharnement à vouloir prendre la ville ? Le public qui ignore les préparatifs de la grande offensive de juillet, ne comprend rien, ne peut rien
comprendre aux opérations qui se déroulent
autour de Lens. On m'assure même qu'aux
États-Unis on éprouve quelque déception à ne
pas enregistrer plus rapidement la prise de la
ville par les Anglais. Combien nous voudrions
être de quelques semaines plus vieux pour rassu-

rer nos amis, pour leur dire : Grands sots, vous
ne voyez donc pas que ce qui se passait à Lens,
c'était du camouflage.

Ce n'est en effet que cela. A la veille de l'offensive des Flandres, le commandement britannique se soucie beaucoup moins de prendre
Lens d'assaut — opération qui lui coûterait fort
cher et constituerait un avantage presque uniquement moral — que de retenir loin du théâtre
des opérations de demain le plus grand nombre
possible de divisions allemandes. Il faut à tout
prix que l'ennemi demeure indécis jusqu'au dernier moment au sujet de nos intentions. Vou-
lons-nous aller à Lille ou à Roulers ? Il suffit que
l'ennemi soit embarrassé de ce problème pour
que le siège se justifie. C'est pourquoi celui-ci
continue, implacable.

Nuit du 29 au 30 juin.

Implacable ! Hélas, le siège ne l'est point
seulement pour l'ennemi, et parmi les pertes qu'il
nous coûte, l'une, en nous privant aujourd'hui
d'un ami, vient de nous frapper en plein cœur.

Nous avions quitté, ce matin, notre quartier
général, caressant le secret espoir de pénétrer

SERGE BASSET

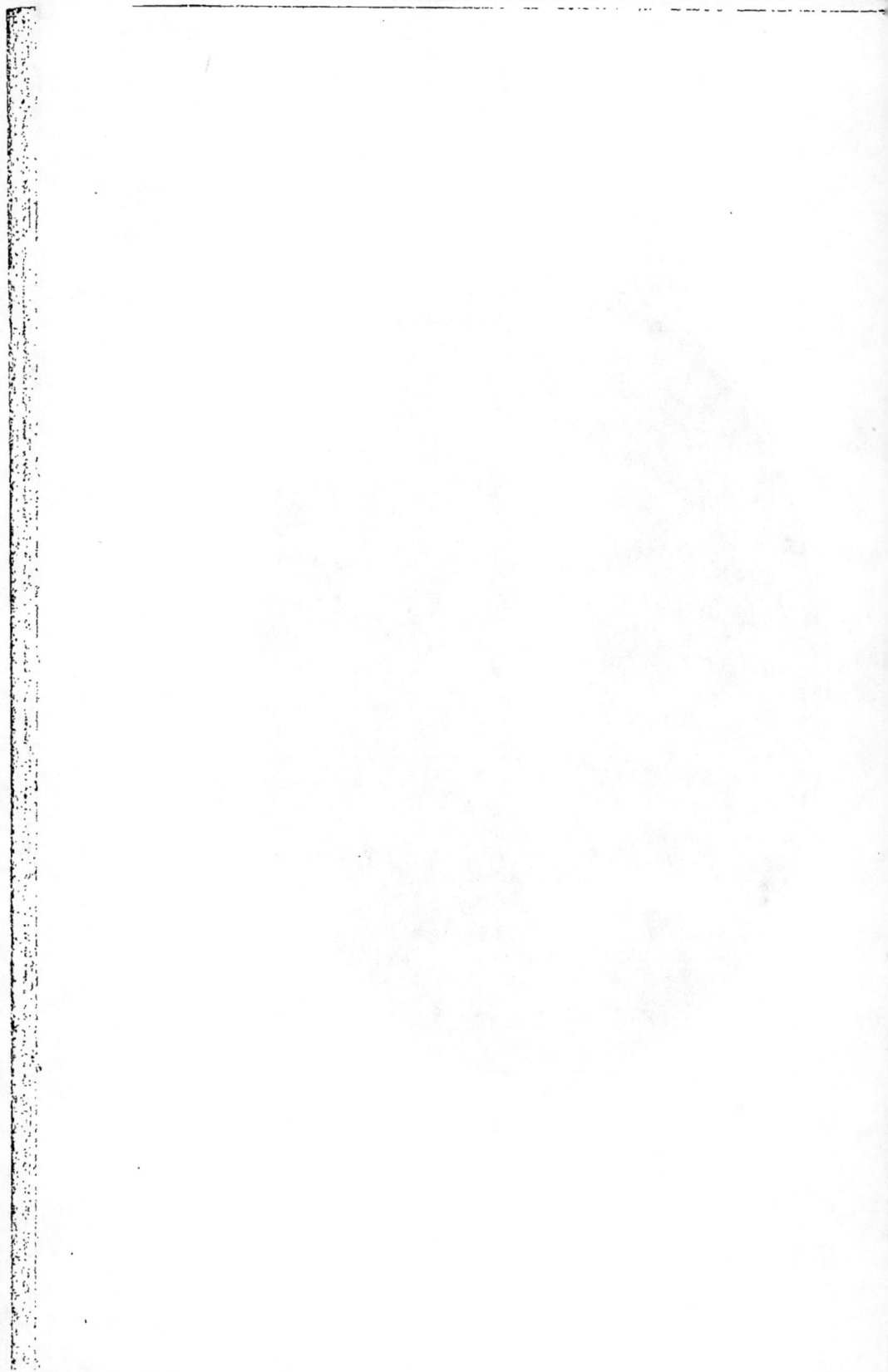

dans Lens en même temps que les troupes britanniques. Nous étions quatre : Serge Basset,
correspondant de guerre du *Petit Parisien*, signor
Gino Calza Bedolo, correspondant du *Giornale
d'Italia*, le capitaine Hale notre guide, et moi-
même.

Le voyage était délicieux. Serge était gai
comme un pinson ; assis entre Bedolo et moi, il
fredonnait quelques chansonnettes préférées.
Puis il parla à Bedolo de l'Italie qu'il aimait tant,
de son armée, près de laquelle il avait représenté
son journal et dont il aimait porter l'uniforme.

J'entends encore avec quelle verve étincelante
il nous entretenait de d'Annunzio, dont nous
avons, ce soir, trouvé le *Triomphe de la mort*
près du lit de notre ami. Ainsi qu'il avait l'habitude et l'art de le faire, il mêlait le grave à
l'agréable. Et je me souviens qu'il nous dit en
parlant de l'avenir de notre cher pays : « Mes
amis, il faudra, après la guerre, que nous réunissions des capitaux pour défendre la bonne
cause. La pauvre en aura bien besoin ! »

Près d'Angres, nous avions quitté la voiture.
Les bornes kilométriques indiquaient : Lens,
5 kilomètres 500. Notre petite caravane se mit
en route. Nous allions, comme des pèlerins, le
bâton à la main, le masque en bandoulière, à

travers les ruines désolées de ce malheureux pays. Serge s'intéressait à tout ; il mit soigneusement de côté, pour les emporter au retour, quelques inscriptions allemandes ; dans Liévin il cueillit une rose rouge égarée dans un pauvre jardin et la mit à son képi. A des blessés anglais, qui s'égrenaient sur la route, Serge dit avec son accent de bonté coutumier : « Good luck, my boys ! » (bonne chance, mes enfants).

Ayant dépassé la fosse N° 3, nous étions arrivés aux abords de la cote 65, prise d'assaut hier par nos alliés. En présence de cette magnifique position, dont le sol révulsé portait encore quelques cadavres : « Montons là-haut, dit Serge Basset, nous verrons quelque chose de beau ! »

Au sommet et à la droite de la crête, nous distinguions les ruines des réservoirs de Lens. « N'y allez pas, cria l'officier qui nous accompagnait, c'est dangereux ! »

Mais, soit que Serge n'eût pas entendu le conseil, soit qu'il obéît à une voix plus impérieuse que celle de notre chef, il prit la direction des ruines. Franchissant les trous d'obus, il fut bientôt au but et nous vîmes sa grande et large silhouette surmontée de la rose qu'il avait arborée se profiler sur l'horizon.

J'étais son compagnon le plus rapproché et

j'eus le funeste pressentiment du danger qu'il courait. Mais, aux avant-postes devant l'ennemi, les sentinelles doivent être doubles : je le rejoignis.

— Vois comme c'est joli ! me dit-il en me montrant Lens à nos pieds.

C'était, en effet, un spectacle profondément émouvant. A 300 mètres à peine, les obus britanniques écrasaient, sans arrêt, la première ligne allemande. Pas un coup de canon, pas un coup de fusil venant de l'ennemi. Nous avions l'impression d'une sécurité absolue.

Soudain, j'entends un coup sec et proche de nous. Serge pousse un grand cri et tombe dans mes bras.

— Je suis perdu, me dit-il.

J'essaie, en balbutiant je ne sais quoi, de le rassurer et surtout de le mettre à l'abri de nouveaux coups. Un trou d'obus énorme se trouvait derrière nous ; je couche Serge sur le dos, je l'enlace et nous glissons tous deux lentement, très lentement jusqu'au fond de l'entonnoir.

Sa première parole est pour sa femme et ses enfants qu'il recommande à mon amitié : « Je souffre, ajoute-t-il, oh ! que je souffre ! »

Affolé, je remonte à la surface de la terre et j'appelle nos compagnons à l'aide. Ils accourent, au mépris du danger. Pendant que Bedolo se charge d'aller chercher les brancardiers, le captain Hale demeure à nos côtés. Aucune langue humaine ne pourrait dire la douleur atroce que nous éprouvions dans ce moment tragique. Serge était frappé mortellement ; la balle avait pénétré un peu au-dessus du foie, il saignait abondamment. Jamais le ruban de sa Légion d'honneur n'avait brillé d'un plus beau rouge. Il répéta quatre fois les noms chéris de sa femme, de ses enfants. Puis il se tourna vers le captain Hale, qu'il avait en profonde estime et lui dit : « Je vous aime bien, mon captain. » Et tournant sa tête déjà exsangue vers moi, il ajouta : « Et toi aussi, mon petit Ruffin. »

C'était atroce, et il ne fallait pas pleurer.

Nous dûmes attendre une grande demi-heure avant que les brancardiers parvinssent jusqu'à nous. « Ils ne viendront pas », gémissait Serge.

Ils vinrent pourtant.

« Les voilà », lui criai-je.

Mais ces mots, qui l'eussent réjoui, cinq minutes auparavant, il ne les entendait plus. Serge venait d'entrer dans le coma.

Alors, il se passa une chose épouvantable. Dès que les Boches eurent découvert les brancardiers, eux qui n'avaient point tiré un coup de canon, ils commencèrent de déverser sur le triste lieu auquel nous essayions d'arracher notre ami, un déluge de mitraille. Suivant leur affreuse coutume ils tiraient sur notre cher blessé.

A peine avions-nous atteint le troisième trou d'obus que Serge rendit l'âme [1].

1. Serge Basset était né le 22 juin 1865, d'une vieille famille dauphinoise.

Après de brillantes études, il était entré dans l'enseignement universitaire. Mais une irrésistible vocation l'attirait vers le journalisme.

Il débuta au *Siècle* et collabora, ensuite, sous des signatures diverses, au *Français*, au *Matin*, puis au *Figaro* où Gaston Calmette lui confiait, en 1900, la rubrique théâtrale. Il la tint — on sait avec quelle compétence et quelle autorité — pendant treize ans, et ne la quitta que pour prendre la direction du théâtre Fémina. C'est au début de la guerre qu'il était entré au *Petit Parisien*.

Serge Basset a publié plusieurs romans, notamment *Vive la France* et le *Secret de Guillaume II*, en collaboration avec M. Georges Grison ; *Comme a dit Molière*, etc....

Auteur applaudi, il fit représenter : l'*Auberge rouge*, d'après la nouvelle de Balzac, au théâtre Antoine ; *Dans la tourmente*, à Bruxelles ; le *Typhon*, chez Sarah Bernhardt, et, à l'Odéon, les *Grands*, pièce écrite en collaration avec M. Pierre Veber, et qui obtint un très grand succès.

La mort héroïque de ce correspondant de guerre eut dans le monde entier un grand retentissement.La presse française fut unanime à faire un vif éloge de Serge Basset ; l'Association des Journalistes parisiens ouvrit une souscription pour lui élever après la guerre un

2 juillet.

Serge a été inhumé cet après-midi, tout près de Lens, dans le cimetière de Nœux-les-Mines, parmi les soldats qu'il aimait. La cérémonie a été très simple et très émouvante. Le corps, ramené des premières lignes par les soins de la mission militaire française, dont les interprètes

monument. Séverine lui consacra dans le *Petit Parisien* du 6 juillet, sous ce titre « Pour une rose », une chronique extrêmement émouvante.

La presse et le Gouvernement britanniques adressèrent à la veuve une lettre de condoléances qui constituait une véritable citation.

Enfin le Maréchal Sir Douglas Haig écrivit à Mᵐᵉ Serge Basset la belle lettre que voici :

« G. H. Q., 3 juillet.

« Chère Madame Basset,

« J'ai appris avec le plus grand regret la triste nouvelle de la mort de votre mari, M. Serge Basset ; il est profondément regretté par les nombreux amis qu'il s'est faits dans l'armée britannique.

« Ses travaux pour resserrer les bonnes relations entre nos deux nations et pour aider la cause des alliés sont au-dessus de tout éloge. Sa bonne camaraderie et son courage l'avaient rendu cher à tous ceux qui l'avaient approché.

« Vous trouverez une consolation à votre grande douleur en songeant que votre mari est mort comme un soldat et comme un brave.

« (Signé) : Sir Douglas Haig. »

se partagèrent deux nuits durant l'honneur de le veiller, avait été transporté dans la salle du patronage « Jeanne d'Arc » qui tient lieu de chapelle, depuis la destruction à la suite d'un bombardement de l'église paroissiale. Rencontre impressionnante du destin : Serge adorait la rose, il en portait une fixée en cocarde à sa casquette au moment où la balle mortelle le frappa, et voici que la rue qui mène au patronage se nomme la « Rue des Roses », et c'est dans une ancienne salle de spectacle, convertie en lieu saint par les nécessités de la guerre, que cet homme de théâtre, mort en soldat, a reçu la pieuse consécration de sa noble fin et les derniers devoirs de ses amis.

Une compagnie de fusiliers anglais d'un régiment d'élite, et la musique de ce régiment, escorte d'honneur, précédaient le cortège. Le cercueil, hissé sur la prolonge d'un canon de campagne, était paré des trois couleurs et fleuri à profusion de gerbes de roses de France et d'hortensias qui avaient été envoyées par le maréchal Douglas Haig, et portait cette inscription : « To my friend Serge Basset », « A mon ami Serge Basset. »

Le commandant suprême des forces britanniques s'était fait représenter par un officier de son état-major, ainsi que les généraux commandant devant Lens. Un officier, délégué par le Grand Quartier Général français, était venu au début de la cérémonie épingler sur le drap mortuaire la croix de guerre avec palme décernée la veille à notre camarade par le Ministre de la Guerre.

Les dernières prières et les derniers adieux furent formulés dans le recueillement émouvant qui précède la poignante minute de la séparation. Trois salves suivant le cérémonial anglais furent tirées par le piquet d'honneur tandis que les clairons faisaient entendre la lente et impresionnante sonnerie du couvre-feu ponctuée par les grondements roulants, parfois en rafale, du canon tout proche.

Et ce fut tout.

Le cortège officiel a pu se disperser, les prières cesser ; les jours, les semaines, les mois passeront. Je n'oublierai point le sombre drame que j'ai vécu le 29 juin. Il me semble que, si je vivais plusieurs vies, je verrais toujours l'entonnoir de la cote 65 avec mon pauvre ami au fond.

Serge, ta devise était très belle et très noble : « Fidèle à ses amis, fidèle à ses ennemis. » Permets que je m'en empare pour n'oublier ni toi ni ceux qui t'ont, devant mes yeux, assassiné.

3 juillet.

Il se passe depuis vendredi soir — le soir du drame — des phénomènes extraordinaires à notre popote. Je ne crois pas qu'il y eut sur la terre de lieu plus intime, plus charmant que celui où nous nous réunissions jusque là autour d'une table après les journées de fatigue et d'émotion passées dans les lignes britanniques. Une constante bonne humeur dont Serge faisait le plus souvent les frais était notre meilleur lien.

Et voilà que notre maison est devenue méconnaissable :

Ma maison me regarde et ne me connaît plus.

La chère ombre ensanglantée de notre ami plane sur tout le monde et sur toutes choses. On ne rit plus, on ne joue plus, on ne lit plus, on ne se parle presque plus. Il arrive qu'à chaque repas la conversation tombe tout à coup et il y a de longs et lourds silences. Chacun pense à l'absent.

Le premier soir, vendredi, pendant un de ces silences, la porte de la salle à manger s'est ouverte brusquement toute seule sans qu'il y eût le moindre vent. Nous avons tous eu la même pensée.

— N'est-ce pas, m'a glissé Olivier après le

repas, qu'on aurait dit *qu'Il* allait entrer comme d'habitude ?

Samedi, Hale étant dans sa chambre a été victime d'une étrange hallucination. Il était assis devant sa table de travail et sans doute il somnolait lorsque, raconte-t-il, il a entendu quelqu'un frapper à sa porte.

« Alors j'ai vu, dit Hale, j'ai vu Basset entrer, la main tendue vers moi, le sourire à la bouche, prêt à me parler.

Après un premier mouvement de surprise je me suis levé et j'allais prendre sa main quand l'apparition s'est évanouie. »

Pauvre captain Hale ! Son cœur autant que son imagination l'auront égaré, sûrement.

Aujourd'hui, 3 juillet, nouvelles aventures. Pendant le déjeuner, l'un de nous, je ne sais plus, je ne veux plus savoir lequel, s'est écrié :

— Ah ! que c'est curieux !

— Quoi donc ?

— Regardez, mais regardez donc, le porte-lettres !

Il y avait en effet sur la cheminée de la popote un porte-lettres dont chaque casier portait notre nom propre.

— Vous ne remarquez rien ?

Silence.

— Eh bien ! dit l'autre, lisez les premières lettres de nos noms de haut en bas.

Nous lisions :

> . Basset
>
> Maratray
>
> Olivier
>
> Ruffin
>
> Tudesq[1]

Les lettres, très grasses sur le papier nous apparurent énormes, colossales et leur assemblage nous crispa.

J'aurais pour ma part giflé l'importun.

Enfin, j'ai eu ce soir mon aventure à moi que je n'ai confiée à personne.

Pendant la « conférence », mes yeux ont rencontré le poignet gauche de ma chemise kaki. Il était tout taché de brun. J'ai regardé de plus près. C'était du sang. Je me suis souvenu alors que, dans le trou d'obus, Serge s'étant plaint d'avoir froid, nous nous étions dépouillés, Hale et moi, de notre tunique pour en recouvrir notre ami. Quand nous les avons reprises, elles ruisselaient... C'est à ce moment que j'ai dû me tacher.

Il paraît que je suis devenu ce soir soudainement très pâle. Olivier m'a dit :

1. *Petit Journal* (de Maratray), *Le Matin* (Olivier), Agence Havas (Ruffin), *Le Journal* (André Tudesq).

— Vieux frère, tu es fatigué. Tu ferais mieux d'aller te coucher.

J'ai sauté sur l'occasion qui m'était offerte et je me suis enfui. Mais je ne sais pas pourquoi, par exemple, je me suis enfermé à clef dans ma chambre et pourquoi j'ai lavé mon poignet avec cet empressement et cette fièvre imbéciles.

4 juillet.

De cette reconnaissance tragique au cours de laquelle nous avions perdu le meilleur, le plus brave, le plus charmant des amis, nous avons rapporté du moins une impression plus nette, une vision plus claire de la situation autour de Lens.

Lens n'est pas une petite affaire. Je me demande au surplus ce qu'on peut dans cette guerre appeler une petite affaire quand, pour prendre quelques centaines de mètres de tranchées, il faut tant de préparation. Représentez-vous ce qu'est la guerre dans un pays comme celui de notre région minière. Chacune de nos grandes villes du Nord est pour le moins flanquée de quatre ou cinq faubourgs qui sont eux-mêmes de véritables villes et chacun de ces faubourgs est un bastion dont il faut faire le siège.

Guerre atroce que la guerre des rues. Au dan-

ger qui menace l'assaillant dans toutes les attaques, s'ajoute ici celui de l'embuscade ; chaque
mur cache une mitrailleuse, chaque cave, une
mine, chaque canalisation, une fougasse. Il n'y
a pas que les obus qui tombent sur la troupe qui
avance ; les maisons s'écroulent et écrasent ;
chaque pierre devient balle ; la mort surgit de
partout ; le tireur d'élite posté dans une embra-
sure de fenêtre abat à distance tout ce qui apparaît, fût-il journaliste.

Non ! Non ! ce n'est pas une petite affaire que
de marcher sur des maisons.

1ᵉʳ septembre.

Des épisodes... La mort de Serge Basset en
était un. En voici d'autres, moins tristes.

L'un est l'histoire d'un grand diable de Bava-
rois qui avait trouvé un moyen tout à fait ingé-
nieux d'obtenir des permissions et de l'argent.
La nuit venue, il rampait à travers les débris
informes des corons, tout seul, un poignard entre
les dents, comme un chasseur à l'affût. Il guet-
tait les sentinelles britanniques distraites ou
endormies et quand il jugeait le moment favorable, le colosse sautait sur sa proie, lui impo-

sait le silence et l'emportait vivante, à bras le corps, dans ses lignes. Deux fois, il réussit, et deux fois il obtint, avec une récompense d'argent, une permission de quinze jours.

A la troisième, il s'est fait prendre, penaud.

Un autre épisode a eu pour théâtre ce fameux Crassier Vert dont la possession nous échappa l'autre matin devant Sallaumines. Qui ne connaît ces pyramides énormes faites de poussière de charbon dont nos charbonnages sont parsemés. Le Crassier Vert tirait son qualificatif de l'herbe et de la mousse qui avaient fini par pousser entre ses scories noires.

A l'aube du 24 août, Canadiens et Prussiens se sont disputé l'observatoire avec un acharnement sans pareil. Après l'action, un homme, un Canadien, se trouve seul dans un trou d'obus sur la pente du Crassier. Il s'y cache jusqu'à la nuit. A ce moment, il entend des voix allemandes, puis des pas. Les Boches se rapprochent de lui. Alors avec ses ongles, le Canadien fouille dans la poussière et s'en recouvre le corps entièrement. Son nez seul émerge de ce nouveau sépulcre. Les Boches descendent dans le trou et risquent à chaque seconde de marcher sur le vivant. Ils tendent un réseau de fil de fer à cinq centimètres de son visage. Un barbelé effleure

Photo officielle armée brit.

PIÈCES DE CAMPAGNE CONTENANT L'AVANCE ALLEMANDE.

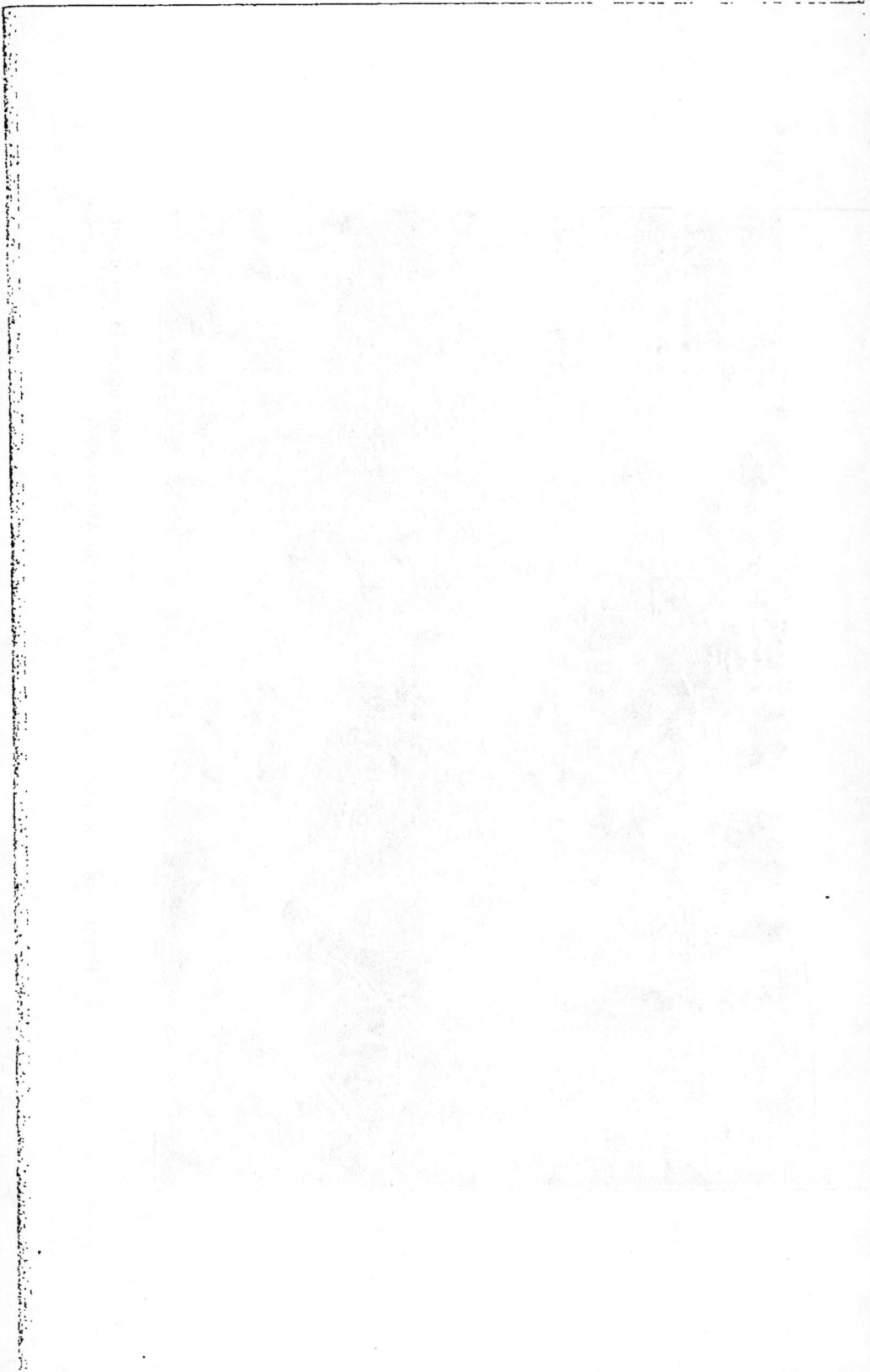

le nez et le défigure. Il ne crie pas. Les Boches s'en vont. La nuit suivante, l'enterré rentrait dans nos lignes, transi de froid et d'émotion et racontait son étrange histoire en dévorant une double ration de cornbeef.

———

CHAPITRE II

(31 juillet 1917.)

Une affiche apposée sur les deux côtés de la porte du théâtre, éclaboussée par les éclats d'obus, annonçait *Robinson Crusoë. New Songs. New Business. New Jokes.* Devant la porte, une longue file de Tommies attendaient l'heure de la représentation. La petite place du Théâtre, noire comme un trou d'ombre, grouillait d'uniformes kakis. De temps en temps, une silhouette de femme ou d'enfant, encapuchonnée, passait, rapide comme une apparition, rasant les pans de mur des maisons effrondrées, prête à disparaître dans une cave-abri, au premier signal d'un bombardement coutumier. Les canons de l'ennemi et les nôtres, à quelques milles de là, rappelaient au surplus chacun au sens des réalités de la guerre.

Nous entrâmes et tout de suite nous fûmes enveloppés par une chaleur tiède emplissant le théâtre. Le chauffage central, pansé de ses blessures de guerre, rappelait les meilleurs jours des meilleures saisons d'avant-guerre à X.... Du plafond de la salle naguère défoncée par un obus de 210, le lustre électrique pendait, rutilant de lumière ; les velours des fauteuils de balcon arrachés par l'explosion flottaient au-dessus de l'orchestre, pareils à de petits drapeaux rouge sang. Bientôt, la salle, des fauteuils aux galeries, fut bourrée de soldats. Deux généraux présidaient dans l'ancienne loge du préfet. Un sergent, petit, grassouillet, joufflu comme une poupée de carton peint, les cheveux rasés, perché sur un tabouret plus grand que lui, dirigeait l'orchestre, son masque à gaz en bandoulière. Il commandait avec art à trois violons, deux violoncelles, une harpe, deux pistons, etc., tous premiers prix des Académies royales d'Angleterre et d'Écosse.

Enfin le rideau se leva sur *Robinson Crusoë* et ce furent alors deux heures d'enchantement pour l'esprit, deux heures d'harmonie, de chansons, de farces énormes, de rires, de sourires, d'émotions tour à tour sentimentales et guerrières.

Sur le roman de Foë, un officier lettré avait brodé une revue où nous entendîmes blaguer avec belle humeur et l'avant et l'arrière, le prix exorbitant des denrées et les bénéfices de guerre, la langue étrange née des rapports entre civils de France et militaires de Grande-Bretagne, par quoi les amoureux se comprirent toujours, l'hommage à la Grande Flotte, le souvenir du Sweet home, la haine des flanchards ; même nous entendîmes blaguer avec l'esprit du Chat noir le meilleur, Lloyd George, en comparaison de qui ni Pétain, ni Douglas Haig n'existent pour gagner les batailles. Que sais-je encore ? Ni l'auteur, ni les acteurs n'étaient des professionnels et pourtant la pièce remportait un triomphe et les artistes semblaient avoir toujours fait ça. L'un d'eux, déguisé en soubrette, jupe courte, jupon blanc ourlé de fine dentelle, les cheveux en natte sur le dos, les yeux en amande, la bouche en cœur, semait des illusions à travers la salle, jouait l'illusionniste pour gens du front ! C'était d'un comique achevé et charmant en cette veille d'offensive.

Nous venons d'assister à la réouverture du grand théâtre de X..., à la barbe du Boche.

Demain, après-demain, ce soir peut-être, l'ennemi qui s'acharne à détruire la ville, réduira le théâtre en poussière comme il l'a fait de centaines de maisons déjà alentour.

Trop tard, car il n'aura pas empêché que des milliers de soldats se soient divertis certain soir aux aventures de Robinson et n'aient évoqué, revenus aux tranchées, le souvenir de cet être inquiétant, la natte sur le dos, les yeux en amande, semeur d'illusions, image de la vie, à deux pas de la mort.

C'était, le 9 juin 1917, au lendemain de la rapide et sûre offensive de Messines. Dans les cantonnements improvisés de l'avant, les troupes victorieuses du général Plumer entendaient la lecture du bel ordre du jour de Sir Douglas Haig commençant par ces mots : « Le résultat complet de cette victoire ne peut pas être encore apprécié, mais il sera certainement considérable. »

Paroles un peu mystérieuses alors pour le soldat, mais qui dans le même moment s'éclairaient pour nous d'un jour singulier. En cette douce matinée de l'été, nous étions sur le mont Cassel d'où l'on découvre, disent les gens, les clochers de cent trente villages à la ronde. Près de la porte massive et quasi triomphale qui s'ouvre vers Dunkerque sur la plaine des Flandres, une vision prophétique des événements s'offrait à nos regards remplis de la lumière chaude du matin.

Depuis l'aube, de longs convois d'artilleurs et

de fantassins, après avoir ébranlé le lourd pavé
de la cité, s'engageaient sous la voûte de pierre
et là se profilaient sur l'horizon lointain. Leur
grandeur paraissait surhumaine. Bardés de fer,
l'air grave, la cravache à la main, montés sur
des chevaux magnifiques, les artilleurs traî-
naient d'innombrables tonnerres, franchissaient
la voûte avec fracas, puis déclinant vers le nord,
disparaissaient lentement dans la plaine où tant
des leurs allaient mourir.

L'ordre du jour de Douglas Haig prenait à nos
yeux toute sa signification. Oui, c'était bien
cela : Messines n'était qu'une préface. Ce drame
rapide n'avait été qu'un commencement. Une
partie formidable dont nous constations les ap-
prêts allait se jouer ici et les acteurs défilaient
devant nous.

Alors il nous souvint de ce qui avait été dit :

Que la prise des crêtes de Messines et de
Wytschaete était une opération préliminaire,
une condition préalable à toute opération plus
considérable dans le Nord. Qu'aucune préparation n'était possible d'Ypres à l'Yser si les fenêtres allemandes de Messines et de Wytschaete
n'étaient pas d'abord condamnées.

Plumer venait précisément de s'en débarrasser
par un coup de maître. La grande offensive des

Flandres entrait dans la période des préparations immédiates.

Peu à peu les routes, les canaux, les voies ferrées s'animaient. Les villages s'emplissaient de soldats ; des chemins abandonnés devenaient tout à coup l'objet de touchantes sollicitudes, des travailleurs comblaient les ornières, refaisaient les tracés.

Des lignes de chemins de fer surgissaient au milieu des champs de coquelicots. Des champs d'aviation, des dépôts de munitions, des hôpitaux, des baraquements de toutes sortes poussaient derrière la future ligne de feu. Sur les routes noyées de poussière et de soleil, nous retrouvions les vainqueurs de la Somme et d'Arras, de la Scarpe et de Vimy. Ils étaient dans une forme magnifique, les uns allaient vers la mer, d'autres vers Ypres, d'autres ailleurs encore. Mues par un mouvement d'horlogerie, des armées entières glissaient d'un point du front vers d'autres points du front.

Un nouvel ordre de bataille s'établissait.

Et voilà que dans ce colossal déplacement, de vieux amis se retrouvaient ; les kaki et les bleu horizon jadis côte à côte sur la Somme se rencontraient maintenant dans les polders.

On les voyait bras dessus, bras dessous, à

l'ombre des maisons vert pomme, aux cheminées blanchies à la chaux, baragouinant le soir après la soupe une langue connue d'eux seuls, se prêtant main-forte pour les corvées un peu rudes, échangeant de menus souvenirs.

L'Afrique, elle-même, jetait dans ce concert anglo-français sa note originale, car l'Afrique était là. Sur les routes, des Cafres, des Maoris, des Basutos, sous les ordres de sous-officiers britanniques, préparaient les voies à l'offensive prochaine.

La vie courait par toutes les voies de la terre et de l'eau. Ce que le chemin de fer et l'automobile ne pouvaient transporter, les canaux du nord s'en chargeaient et l'on voyait passer au fil de l'eau des chalands gorgés de matériel.

L'ennemi avait promptement deviné notre dessein. Dès le 15 juin, il est en éveil et le nombre de ses saucisses augmente sensiblement sur le front du Nord. Sans doute, cela ne suffit pas à l'éclairer, aussi le commandement du prince Ruprecht de Bavière promet-il des primes sous la forme de permissions à quiconque fera des Anglais prisonniers. Mais Tommy se dérobe ; il faut chercher autre chose.

Dans le même moment, l'ennemi s'inquiète de la perfection de notre service de renseignements.

Le commandement allemand s'en plaint amèrement dans une circulaire et il demande aux armées de paralyser notre service d'information.

Enfin il prend des mesures plus radicales. D'abord il se met à nous bombarder furieusement. Il s'en prend surtout aux secteurs de l'arrière, espérant ainsi gêner nos communications. D'autre part, il aménage les cantonnements pour l'arrivée de nombreux renforts. Le duel s'engage déjà sur toute la ligne.

Dès la fin de juin, les mouvements de trains deviennent plus considérables à l'intérieur des lignes allemandes. Les stations de télégraphie sans fil se multiplient ; leurs conversations pareillement. La contre préparation allemande se précise.

C'est alors que notre aviation d'abord, puis notre artillerie entrent vigoureusement en action. Déjà les avions britanniques s'étaient livrés à des opérations fructueuses. Le 16 juin, par exemple, ils avaient fait sauter une usine de munitions à Gand ; le 17, ils avaient jeté l'incendie dans les docks de Bruges ; le 28, ils avaient bombardé Ostende. Mais l'activité devient plus soutenue dans les premiers jours de juillet. En quatre jours, du 7 au 11 juillet, les avions de reconnaissance ne prennent pas moins de 3.361 photographies.

Le 12, ont lieu les plus durs et les plus nombreux combats aériens de la guerre. Le soir, l'aviation britannique a pris définitivement l'avantage
sur l'ennemi. Alors commence la préparation
d'artillerie.

Jamais dans cette guerre, on n'avait encore
rencontré une pareille débauche de canons et de
projectiles. Le duel parut d'abord à égalité.
L'ennemi, en effet, usait de toutes ses bouches
à feu, alors que nous ménagions les nôtres. Mais
cette trompeuse apparence dura peu ; nous
n'étions plus à la bataille de la Somme, c'est-à-
dire à un contre un, ni même à Arras, à deux
contre un. Nous avions maintenant une supériorité d'artillerie de cinq à un. Aussi dès le 23
juillet, nous apprenons des choses intéressantes.
Les fils de fer de la première ligne allemande
sont pulvérisés et dans sa tranchée presque ni-
velée, l'ennemi ne tient plus qu'une garnison
restreinte. D'autre part, entre l'avant et l'arrière, notre tir rend déjà les communications de
l'ennemi difficiles.

Telle unité allemande de première ligne et
même de seconde ligne ne peut plus être ni ra-
vitaillée ni secourue. Vers le 26, l'ennemi dé-
place prudemment vers l'arrière un certain
nombre de ses pièces lourdes prises sous notre

feu et les remplace par des canons légers. La situation des troupes en lignes devient épouvantable. La plupart reçoivent leurs repas avec des retards de douze heures. L'eau reçue en petite quantité ne suffit pas à étancher la soif des combattants accablés par la chaleur. Dans quelques secteurs, les hommes, ne recevant plus rien de l'arrière, dépouillent les morts de leurs vivres de réserve. A partir même de cette date, le commandement allemand attend pour chaque matin, la grande attaque franco-britannique. Il annonce au monde par ses radios l'effarant caractère de la lutte d'artillerie engagée et n'a pas de qualificatif assez puissant pour définir notre préparation.

Tout démontre au surplus qu'il entend résister furieusement à notre choc. Un ordre d'une division prescrit à l'artillerie d'ouvrir chaque matin un feu de destruction sur nos tranchées afin de paralyser notre attaque éventuelle. Chaque unité est invitée à se tenir prête entre deux et cinq heures à entrer en action. Mais les jours passent et les Alliés n'attaquent pas. Heures d'angoisse et d'épouvante. Une autre division en ligne à reçu l'ordre de tenir à tout prix en cas d'attaque, mais les hommes de la division ont le sentiment qu'ils sont sacrifiés afin de préparer des lignes à l'arrière.

Avant notre préparation, l'ennemi possédait entre la mer et la Lys, comme partout ailleurs, deux et le plus souvent trois lignes de défense, mais depuis, assistant à la destruction progressive de la première et, voyant le danger qui menace la seconde, il travaille fiévreusement à la construction d'un quatrième système de défenses.

Malheureusement pour lui, nous avons des canons spécialement chargés de gêner ses travaux in extremis.

C'est parce que l'ennemi se défendra en profondeur et parce que notre artillerie devra chaque fois préparer le terrain que cette bataille sera de longue haleine. En attendant, la puissance défensive des positions nouvelles diminue, les hommes tombent et le succès mûrit.

Enfin l'heure zéro est venue, celle que le plus brave n'attend pas sans une pointe d'émotion. Considérez un instant la carte et voyez pour quelle rude tâche nos hommes s'élançaient en avant.

Le saillant d'Ypres, dont ils occupaient le centre, était dominé par l'ennemi de tous les côtés, sauf au sud-est, depuis la victoire de Messines. A partir de la colline 60 à l'est, la ligne des crêtes appartenait à l'ennemi. Cheluvelt, Zonnebeke, Paschendaele, Steden, Clercken

pouvaient être considérés comme sur les bords
d'une soucoupe dont l'armée britannique occupait le centre.

Or, quand les coups de sifflets, au long des
tranchées franco-britanniques, donnèrent le signal de l'assaut, il y avait déjà trois jours que
le canal de l'Yser était franchi en quelques-uns
de ses points stratégiques les plus importants.

Comment avait eu lieu cette opération capitale ? C'est ce que je veux essayer de raconter.

Il n'est pas besoin d'être un stratège émérite
pour comprendre que l'armée opérant dans le
saillant d'Ypres n'avait de chance de réussir son
attaque des positions ennemies vers le nord-est
qu'à la condition d'avoir toute sécurité sur ses
flancs. Déjà, sur son flanc droit, la belle victoire
du général Plumer à Messines et à Wytschaete
avait porté ses fruits ; mais sur le flanc gauche,
une opération préliminaire s'imposait, et cette
opération, c'était précisément le franchissement
du canal.

Le canal, à un kilomètre environ dans le sud-
est de Boesinghe, servait proprement de no-
man's-land entre la ligne allemande et la rive
gauche ; le problème consistait donc à établir au
moins des têtes de pont sur la rive allemande
afin de préparer la grande attaque du 31 juillet,

et ce problème, l'artillerie et le génie suffirent
à le résoudre : la première, en martelant, en ni-
velant, en rendant inhabitable aux Allemands
leur première ligne sur la rive droite du canal ;
le second, en construisant des ponts sous le feu
des pièces lourdes ennemies.

Le 28, les Allemands se voyaient contraints
d'abandonner la rive et de se replier sur leur
ligne de soutien, située à quelque cinq cents
mètres en arrière, et nos pionniers dans l'après-
midi établissaient dix-sept ponts sur le canal.
Nos possibilités d'attaque et de manœuvre se
trouvaient du même coup élargies.

Les troupes allemandes que les nôtres abor-
daient, appartenaient à l'armée du prince Ruprecht de Bavière, mais elles n'étaient pas uniquement originaires de la Bavière. En prévision
de notre attaque, toutes les divisions en ligne,
sauf une, avaient été relevées, après avoir subi
de très grosses pertes par le seul fait de notre
bombardement. Une batterie divisionnaire avait
dû changer neuf fois ses servants et cinq fois
ses canons. Telle était la situation, quand nos
hommes surgirent comme des lions au-dessus
des parapets ennemis.

A l'aile gauche britannique, le corps opérant

en liaison avec les Français traversait sans difficulté les 17 ponts jetés par le génie et bâtis assez solidement pour livrer passage à la grosse
artillerie et aux tanks. A 500 mètres du canal,
nos troupes se heurtaient une première fois à la
ligne de soutien allemande « Stutzpunkt Line »
où une lutte très courte s'engageait. Heureusement, notre bombardement préalable avait duré
assez longtemps et avait été assez précis pour
détruire les nids de mitrailleuse. Le village et la
crête de Pilkem tombaient entre nos mains et
nos hommes, accompagnés des chars d'assaut,
marchaient résolument vers le nord en suivant
la ligne du chemin de fer d'Ypres à Langemarck.

Nos éléments de droite atteignaient le ruisseau
du Steenbeck, le dépassaient et se consolidaient
sur sa rive droite. Ce ne fut pas un spectacle or-
dinaire que de voir plusieurs de nos tanks traverser le Steenbeck avec une aisance parfaite, et
escalader la rive opposée ruisselants comme des
hippopotames.

Quant à nos éléments de gauche directement
en liaison avec les Français dont la marche victo-
rieuse vers Bixsheete provoquait une universelle
admiration, ils se trouvèrent gênés dans leurs
mouvements pendant quelques heures par une
ferme érigée en forteresse par l'ennemi ; la ferme

du Colonel. La redoute forma poche, retarda quelque peu l'avance et fut enfin vidée à coups d'obus.

Quand le soir tomba, les troupes franco-britanniques campaient à l'alignement. Dans ce secteur, les Gallois avaient battu à plate couture et pratiquement détruit la division favorite du Kaiser, 3e de la Garde prussienne.

Au moment où cette division était venue sur le front occidental en 1916, l'Empereur lui avait adressé un ordre du jour chaleureux dans lequel il disait avec grandiloquence la confiance qu'il mettait en elle :

« Vous êtes, s'écriait-il, le lien entre la garde de ma maison et l'armée prussienne tout entière. »

Les « Hannetons » — c'est le nom que l'Empereur avait donné à ses gardes — peuplent maintenant le champ de bataille de Pilkem.

Le centre de l'action était le théâtre de combats beaucoup plus acharnés. Au début, tout allait à merveille, l'ennemi assommé et surpris lâchait pied et dans sa première ligne et dans la seconde. C'est ainsi que le bois du Sanctuaire, l'étang de Belward, le bois de Kitchener, Frezenberg, Westhek et quantité d'autres points forti-

La Cathédrale de Péronne.

Photo officielle armée brit.

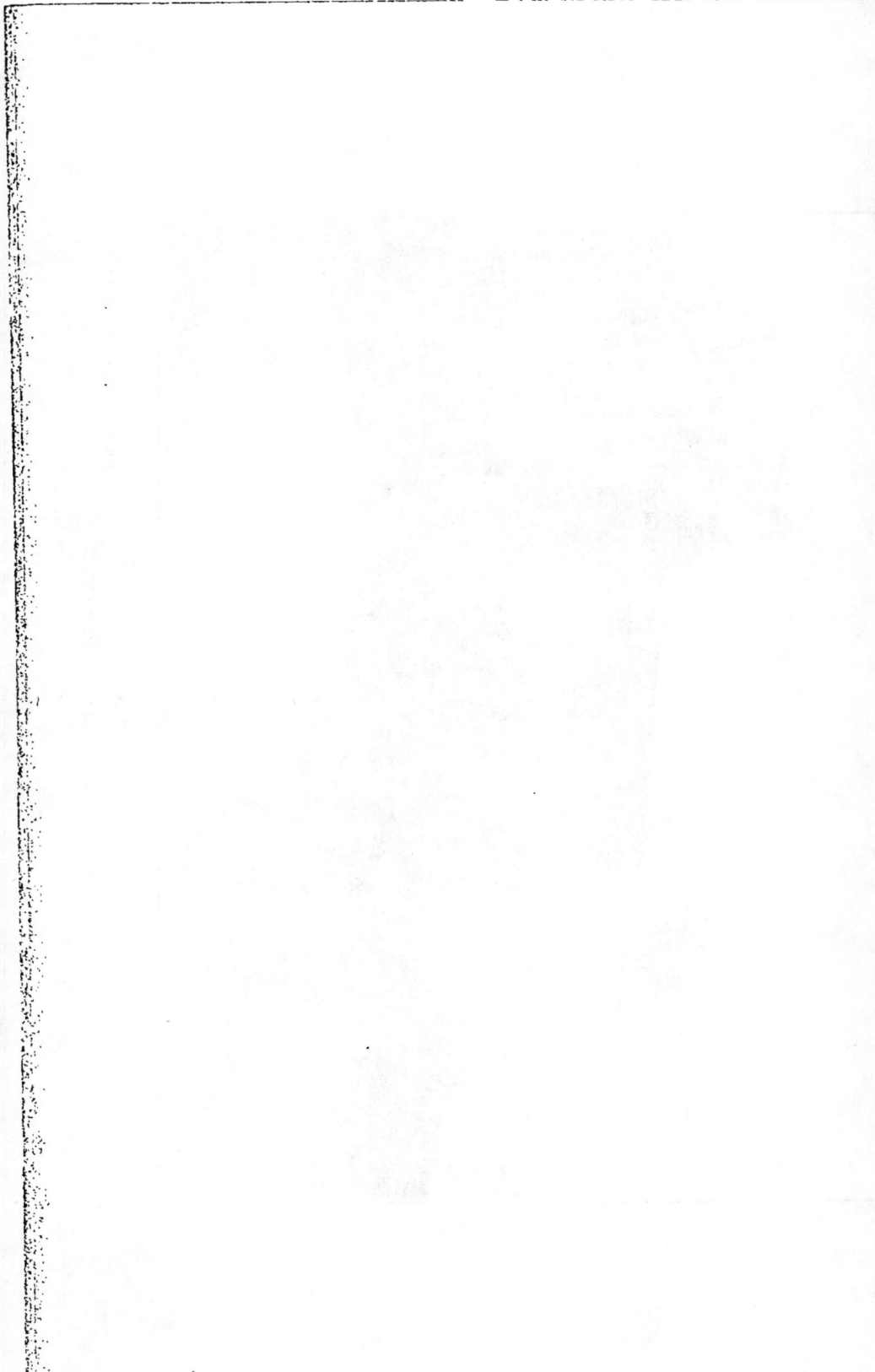

fiés tombaient, dès les premières heures, en notre possession ; succès d'autant plus précieux que l'avance se produisait dans la partie la plus difficile du champ de bataille. Lacs, fondrières, ruisseaux, bois, tout s'opposait à une évolution rapide de la bataille dans ce secteur ; mais surtout l'ennemi, pour des raisons de prudence élémentaire, avait particulièrement soigné cette partie de sa défense.

A midi, néanmoins, tous les objectifs que nous venons d'énumérer étaient enlevés et nous attaquions Saint-Julien, tâche malaisée, car, suivant leur coutume, les Boches avaient transformé les ruines du village, rendu célèbre par les deux batailles d'Ypres, en un vaste nid de mitrailleuses. Un tank heureusement se trouvait dans ces parages, il vint et Saint-Julien fut à nous.

Cependant, vers deux heures de l'après-midi, l'ennemi commença de réagir avec énergie. Nous allions atteindre son troisième système de défenses, il était temps pour lui de se défendre. Malheureusement, le temps se faisait son complice ; il pleuvait et nos avions avaient beau descendre presque à ras de terre, ils distinguaient imparfaitement les rassemblements de l'ennemi.

Pourtant, sa contre-attaque pour reprendre Saint-Julien devait échouer. Plus au sud, les

renforts lui venaient en abondance de la direction de Zonnebeke ; de plus, maître du bois de
Polygone, repaire haut situé, rempli d'une nom-
breuse artillerie, il prenait en enfilade nos éléments avancés plus au nord. En dépit des éléments contraires, nos troupes demeurèrent à peu
près partout sur les positions conquises le matin. C'est miracle qu'avec un temps et sur un terrain aussi lamentables, les hommes aient pu tenir contre un ennemi acharné à réagir, dont l'artillerie bien en place les attendait et qui pouvait
utiliser les voiles du brouillard et de la nuit pour
préparer ses réactions.

Le point sensible du champ de bataille apparaissait donc sur le flanc droit de l'attaque, c'est-
à-dire vers la région élevée qui va de Pashen-
daele à Messines et à Wytschaete ; c'est du haut
de ces crêtes que l'ennemi ayant transformé les
bois en autant de repaires, et abritant une artillerie formidable, allait tenir la plaine en échec,
jusqu'à ce que, instruits par cette première
expérience, nous eussions entrepris la conquête
méthodique et patiente des positions ennemies.

Mais la bataille allait changer de caractère.

CHAPITRE III

La bataille de la route de Menin.
(20 septembre.)

Les soldats d'Anthoine, musique en tête, atteignaient les premières maisons de briques roses piquées de volets verts.

Depuis que, du fond de la plaine, les premiers accents d'une marche militaire avaient grimpé jusqu'au village, vrai nid d'aigle au-dessus des Flandres, les oreilles s'étaient tendues, les conversations arrêtées et l'aiguille ne courait plus dans la laine aux mains des femmes soudainement attentives. Les gosses envoyés sur la route en reconnaissance revinrent en criant :

« Les Français ! Maman, les Français ! »

Or, les petits Français de X..., en Flandre, n'avaient point vu de grands Français en uniforme depuis 1915. Aussitôt, les portes s'ouvraient, la rue s'emplissait d'une rumeur joyeuse et voici que de toutes parts venaient au devant des bleu-horizon, des uniformes kaki. En cette veille d'offensive, la petite ville regorgeait d'Anglais. Attirés, conquis déjà par la musique française, ils s'amassaient sur la curieuse place espagnole, comme les oiseaux autour du charmeur des Tuileries.

Ils parurent enfin, nos poilus ! Dieu ! qu'ils étaient impressionnants ! Au rythme du *Chant du Départ*, ils défilaient à travers les rangs pressés des Tommies qui les regardaient avec de grands yeux. La musique chantait :

« On entend le canon d'alarme. »

C'était un simple bataillon, mais un bataillon d'élite, un bataillon très chic, des types qui avaient la fourragère et qui n'avaient pas froid aux yeux, des costauds, des poilus quoi ! de vrais poilus, de ceux qui ont franchi l'Yser le 31 juillet et qui ont pris Bixschoote, et par lesquels les Boches ont aussi pris quelque chose. C'étaient des soldats de l'armée française de Belgique.

En défilant devant les Tommies, ils paraissaient leur dire : « Bravo les gars ! Vous avez fait hier du bon travail. Allons, les Anglais, c'est bien, continuez. » Mais je suis sûr qu'ils

ajoutaient en parlant dans leurs cuivres : « Vous
savez les amis, nous sommes là, nous sommes
même un peu là. Nous sommes les poilus d'Anthoine. On est de la revue, pas vrai ! » Et de
leurs yeux, de leur démarche, de leurs accents,
une impression de force irrésistible et de confiance sereine se dégageait.

Une à une, les compagnies disparurent au coin
de la place espagnole.

L'aumônier, frère de Pierre l'Hermite, monté
sur un cheval noir, portant la barbe, le casque
et la fourragère, tout ce qu'il faut pour aller
dans le monde, fermait la marche triomphale.

Les soldats d'Anthoine étaient passés.

Le lendemain, 20 septembre, la bataille re-
commençait avec une fureur accrue et des
moyens plus formidables que jamais.

L'attitude de l'ennemi, depuis le 31 juillet,
avait été presque purement défensive. Il tenait
avec des effectifs aussi réduits que possible une
première ligne formée de trous d'obus, avec, de-
ci de-là, des points solidement fortifiés ; néanmoins, il ne cessait de renforcer les crêtes oc-
cupées par lui de Glencopse à Paschendaele,
point vital de sa résistance. Peu nombreux dans
la première ligne, il tenait des troupes en réserve échelonnées en profondeur afin d'être tou-

jours prêt à nous contre-attaquer au plus vite suivant sa coutume. Lorsque, pour identifier nos unités, il tentait quelque raid, il le faisait avec des effectifs considérables après une préparation d'artillerie courte mais extrêmement violente. Nous avions observé depuis quelques jours qu'il tenait ses réserves plus éloignées qu'auparavant de la ligne de feu et nous avions cru en découvrir la raison en partie dans l'opinion où il s'entretenait lui-même qu'il n'était pas menacé d'une attaque prochaine, et aussi et surtout parce que notre bombardement causait à ses troupes au repos des pertes considérables.

A la fin du mois d'août et jusque vers le 14 septembre, le feu de l'ennemi subit un sensible déclin. Cela tenait, non point à une concentration moindre des pièces, mais d'abord à la visibilité qui était mauvaise pour l'ennemi comme pour nous, et aussi à un désir d'économie évident.

Vers le 14 septembre, notre feu étant devenu plus intense, le feu ennemi crût à son tour, s'acharnant sur nos voies de communications et fouillant le terrain pour imposer silence à nos batteries.

Quoi qu'il fît, il lui manquait trois qualités pour réussir : une bonne visibilité, une pléthore

de munitions et l'aide d'une aviation supérieure
à la nôtre. Pourtant l'ennemi avait accompli
depuis le début de la bataille des efforts prodigieux dans le domaine aérien. Ses aviateurs,
imitant les nôtres, volaient très bas et mitrail-
laient nos lignes avancées à coups de bombes
et de mitrailleuses. Il avait inauguré des raids
de nuit en grande force et cherchait à jeter le
trouble dans nos services de l'arrière. Les nouveaux « Gothas » étaient largement mis à contribution pour ce genre d'expéditions. Malgré
cela, les avions allemands n'arrivaient à tenir
l'air que dans la proportion de 6 %.

Dans une seule semaine, sur le front d'une
seule de nos armées, on n'avait pas compté
moins de deux cents combats aériens dont voici
le bilan : 6 boches abattus, 20 contraints d'at-
terrir sans qu'on puisse certifier ce qu'ils sont
devenus ; 6 appareils britanniques disparus.

Malheureusement, à l'époque où reprend l'offensive, les pluies ont transformé les Flandres
en un marécage immense.

Le piétinement des hommes et des chevaux a
aggravé la situation, et le tir des deux artilleries
a fait de la ligne de feu un cloaque sans nom.
Les trous d'obus se sont superposés aux trous
d'obus. Le plus souvent ils sont si rapprochés

qu'on n'en peut faire le tour à pied. Ce sont des vases communiquants où l'eau affleure jusqu'aux bords et dans lesquels l'homme, en tombant, le plus souvent s'enlise et se noie.

Heureusement, vers le 12 septembre, le soleil avait fait à nouveau son apparition. Certes, il n'avait plus assez de force ni de persévérance pour assécher les trous d'obus, mais il apportait la joie aux observateurs, des nuits plus douces aux fantassins, de la gaieté dans les cantonnements.

Le soldat se demandait si le vieux Dieu allemand, complice de l'ennemi les jours d'attaque, n'avait pas déserté.

Le 19 fut une journée merveilleuse ; mais terrible pour l'ennemi sur lequel notre feu roulant déversa des millions d'obus. La nuit étoilée n'apporta aux Boches aucun apaisement. Suivant une expression anglaise entendue, notre bombardement était « magnificent ».

Enfin, à 5 heures 40, l'assaut fut donné. Un brouillard devait empêcher nos aviateurs de voler jusqu'à huit heures du matin. Alors le ciel s'éclaircit et s'emplit de nos appareils et la liaison s'établit entre nos fantassins déjà très en progrès et nos escadrilles qui volaient avec un souverain mépris du danger, à quelques pieds au-dessus des positions de l'ennemi.

Huit minutes après le déclenchement de l'attaque, l'ennemi faisait tomber sur nos vagues d'assaut, ainsi qu'un rideau de fer, un barrage exceptionnellement lourd.

Le front d'attaque s'étendait depuis le canal d'Ypres-Comines, jusqu'à la ligne du chemin de fer Ypres-Staden, soit sur dix kilomètres environ. Cela représentait un peu moins de la moitié du front d'attaque du 31 juillet.

Ce premier point est à noter, et pareillement celui-ci : le 31 juillet, le centre de la résistance allemande, la fameuse crête de Zonnebeke que nous allions enlever dans ses parties principales, faisait face à notre flanc droit. Maintenant, notre front étant réduit vers la gauche, les centres des adversaires se trouvaient face à face.

A la suite de l'expérience du 31 juillet, la possession des crêtes et des bois à l'est d'Ypres était devenue la tâche principale de l'armée et tous ses efforts allaient tendre à s'en emparer.

A peu près tout l'Empire était représenté à cette fête, et l'on ne sait quelles troupes féliciter le plus, des Australiens qui prirent le bois Glencopse, des Écossais qui entamèrent le Polygone, ou des Anglais qui s'emparèrent d'Inverness, car toute l'entreprise était également difficile.

La victoire récompensait le courage et la

patience des Britanniques. Plusieurs canons et plus de 2.000 prisonniers étaient tombés entre leurs mains. Le temps qui se gâta dans l'après-midi empêcha le succès d'être exploité comme il aurait pu l'être.

Quand, au matin du 21, le soleil éclaira le champ de bataille de la veille, nos guetteurs virent distinctement dans les lignes allemandes deux chariots attelés de chevaux blancs sur lesquels des brancardiers entassaient des cadavres. Les chariots circulèrent tout le jour sans être inquiétés par notre feu. Pendant ce temps, l'ennemi s'efforçait par des attaques locales de reprendre quelques-unes des positions perdues la veille.

Pour leur compte, les Australiens devaient repousser jusqu'au soir trois de ces retours offensifs. D'autre part, un point fortifié appelé Tower Hamlet, pris d'assaut le matin par nos postes avancés, avait été perdu l'après-midi. C'était le flux et le reflux inévitable de toute bataille quand le nouveau front ne s'est pas encore stabilisé.

Sur les routes, les convois d'hommes et de matériel, sous un soleil glorieux, soulevaient en passant des nuages de poussière ; des bataillons d'Australiens se dirigeaient vers la ligne de feu en chantant :

« Ne craignez pas qu'on touche à la beauté de l'Angleterre.

« L'Australie sera là. »

Elle était là, en effet, sous la forme d'hommes résolus et splendides. Le bord relevé de leur chapeau boer prenait des allures de panache ; fiers des derniers succès de leurs camarades, ils brûlaient de les seconder.

Nous parvînmes en même temps qu'eux sur le terrain ; il était environ quatre heures de l'après-midi.

— C'est la foire aux puces ! dit un des nôtres, en voyant le terrain.

J'aimais assez la comparaison ; le sol était rempli de ces objets innombrables et innommables qui recouvrent tout champ de bataille ; je ne faisais point de différence néanmoins entre ce spectacle et ceux que j'avais accoutumé de voir sur la Somme, sur l'Ancre et sur la Scarpe, à l'exception d'une cependant qui est très importante. Jamais, ni sur les pentes de Thiepval, ni sur le plateau de Pozières, ni aux flancs de l'indomptable Serre, je n'avais compté tant de « pill-boxes » (boîtes à pilules).

Je n'exagère pas en affirmant que sur une distance de 300 mètres, je comptai pour le moins dix blockaus bétonnés et armés. Je laisse au

lecteur le soin de tirer les conclusions qui dé-
coulent de cette observation quant au caractère
de la lutte sur un pareil terrain.

Je remarquai aussi cet après-midi-là que
les avions britanniques n'avaient jamais tenu
l'air en aussi grand nombre, et que l'aviation
allemande elle aussi, quoique de beaucoup infé-
rieure en nombre — j'ai dit déjà qu'elle était à
6 contre 100 — manifestait un esprit agressif
que nous n'étions pas habitués à découvrir chez
elle.

La chute du jour, le 21 septembre, aux environs de la route de Menin, laissera dans ma
mémoire un souvenir ineffaçable.

Vers six heures, le soleil dans toute sa splen-
deur commença de décliner vers la mer du
Nord ; ses rayons magnifiques aveuglaient la
face de l'ennemi et rendaient son tir difficile:
Déjà aussi, à cette heure, la lune était apparue
au-dessus de la crête dénudée de Wytschaete
sous la forme d'un croissant argenté ; on aurait
dit une pince aérienne au manche invisible
tournée vers l'ennemi en guise de menace. Le
vent frais, avant-coureur de l'hiver, nous apportait des relents de cadavres. Soudain, sur tout
le front de l'armée, des fusées multicolores s'éle-
vèrent ; l'ennemi, ami de l'ombre, se proposait

de contre-attaquer, et les nôtres donnaient l'alarme.

Alors, de tous les points de l'horizon, du creux des ravins obscurs, du moindre boqueteau, nos batteries ouvrirent sur l'ennemi un feu qui ébranla la nuit. Des lieux les plus lointains et les plus imprévus, les lueurs des canons fendirent l'ombre ; il semblait que des milliers de vers luisants s'éveillaient dans la plaine.

Nous comptions un coup de l'ennemi pour cinquante des nôtres. Autour de nous, les marmites soulevaient des masses de terre, de gaz et de fer, plus noires que la nuit. Tout l'enfer venait ici, ce soir, célébrer le Sabbat.

Le Polygone n'a plus de côtés.
(26 septembre.)

Cinq jours après, les Britanniques engageaient, depuis le Sud de Tower-Hamlet jusqu'à l'est de Saint-Julien, une nouvelle action dont le bois redoutable du Polygone formait cette fois le centre.

L'affaire était déclenchée par les Anglais le 26 septembre ; en fait, elle avait commencé le 25,

par une attaque allemande de première grandeur.
A six heures du matin, une division allemande,
débouchant de la direction de Comines-Warwick,
attaquait avec la dernière violence un point
alors fort délicat de notre front appelé Tower-
Hamlet, au sud-ouest du Polygone.

L'ennemi, ayant réussi à nous refouler légère-
ment, s'enhardit par ce premier succès, et vers
onze heures, le même jour, renouvela son
attaque en l'étendant à la partie du bois du Polygone où nous avions pris pied le 20. Vains
efforts, car le soir il ne conservait que soixante
mètres environ du terrain conquis par lui le
matin.

Le meilleur, le seul avantage procuré à l'ennemi par cette attaque préventive ne devait
apparaître que le 26.

A cette date en effet, alors que notre attaque
se déroulait sur les deux ailes avec un plein
succès, que les Australiens s'emparaient de la
totalité du bois du Polygone et même le dépassaient, que les troupes anglaises, écossaises et
galloises s'emparaient de Zonnebeke et s'avançaient des deux côtés des routes de Wietje à
Saint-Julien et à Gravenstafel, dans le voisinage
de Tower-Hamlet, au centre du grand front de
bataille, au contraire, l'avance souffrait quelque

temps des conséquences de l'attaque allemande de la ville.

Renseigné manifestement sur notre projet d'attaque, l'ennemi avait placé dans la nuit des barrages très lourds d'artillerie sur ce secteur central, à tel point que, l'heure étant venue, nos unités dans ce secteur avaient assez à faire en gardant la liaison à gauche et à droite, où les troupes avançaient rapidement.

Ce fut le seul moment critique de la journée, bientôt heureusement passé, grâce à l'énergie des éléments qui opéraient sur les deux flancs. A la fin de l'après-midi, celle de nos divisions qui n'avait pu progresser dans les premières heures de la journée, pouvait entreprendre, à son tour, son mouvement en avant et se porter sur les pentes orientales de l'éperon de Tower-Hamlet, à l'alignement des unités voisines. Dès ce moment, à peu près tous les objectifs assignés aux troupes étaient atteints ; et l'infanterie s'organisait sur les positions conquises, mais la lutte d'artillerie continuait effroyable.

A quatre heures de l'après-midi, on se battait avec la même fureur qu'au matin.

Je remarquai à ce moment sur la route d'Ypres à Menin, clouée à un arbre déchiqueté, une pancarte avec cette inscription « Hell fire corner », « Coin du feu d'enfer ». Tout ce que j'allais voir et vivre en cette fin de journée devait illustrer cette trop véridique inscription.

Autour de nous les trains Decauville, souples comme des anguilles, couraient vers la ligne de feu, apportant sans relâche les approvisionnements pour les batteries.

La machine à tuer marchait à haute pression.

Nous parvînmes en un point du champ de bataille où le chemin de fer devait s'arrêter, c'est-à-dire aux pièces d'artillerie elles-mêmes, autant dire près de l'ennemi. J'ai toujours été frappé en effet de l'audace avec laquelle nos alliés poussent leurs concentrations en avant. Puis nous fûmes dans le no man's land de l'artillerie, c'est-à-dire dans la zone au-dessus de laquelle les obus des deux adversaires se cherchent et se rencontrent quelquefois.

C'est là qu'apparaissent les plus misérables spectacles de la guerre.

Dans un terrain bouleversé que les obus depuis des semaines et des mois triturent comme un boulanger fait de la farine, une pauvre humanité se hausse aux confins des plus purs héroïsmes. C'est là que le soldat, celui qui va en première ligne et celui qui en revient, celui qui porte sur ses épaules un camarade ou un ennemi

TROUPES ET CONVOIS TRAVERSANT UN VILLAGE.

Photo officielle armée brit.

blessé, celui qui convoie les mulets porteurs d'eau ou de munitions vers l'avant et tant d'autres, unis dans le même danger, concourent à la même tâche.

Je vis un petit lieutenant australien, soutenu par un de ses hommes qui revenait de Zonnebeke, atteint de folie et qui frappait de ses poings des adversaires invisibles. Un peu plus loin, quatre des nôtres, étendus sanglants sur une plate-forme roulante, étaient poussés vers l'arrière par un Anglais aidé d'un Allemand prisonnier ; et voilà que le lugubre cortège doit soudain s'arrêter, car un autre qui le précédait de quelques secondes a reçu un obus et la voie est obstruée par des chairs saignantes et des débris sans nom. Derrière nous, devant nous, deux rideaux de feu ; il semble qu'on vous tire dessus de tous les côtés à la fois. Une marmite tombe à quinze mètres de moi et me couvre de terre ; je courbe le dos d'instinct et je pense que ma dernière heure est venue, que la prochaine marmite sera pour moi. C'est un de mes voisins qui la reçoit et je suis tout surpris de sortir de l'enfer.

Nous voici sur la crête de Westhoek. Devant nous, dans la fumée des explosions, le panorama de la bataille en cours nous apparaît dans sa tragique beauté ; à notre droite, un peu en avant dans l'Est sur une crête d'altitude, pareille à celle où nous nous tenons, des vestiges d'arbres disséminés se profilent sur le ciel, pareils à des bois de potences : c'est le bois du Polygone ; le sol y a été à ce point retourné depuis 15 jours qu'un de nos aviateurs qui l'avait survolé précédemment a mis hier un bon quart d'heure avant de le reconnaître. A l'extrémité nord de l'éperon du Polygone, une excroissance de terre jaune, sans aucune végétation : c'est la butte qui servait de cible avant la guerre aux régiments d'artillerie belges, quand ils venaient d'Ypres, de Poperinghe ou de Roulers faire là leurs exercices de tirs. Elle ressemble comme une sœur à cette fameuse butte de Warlencourt qui devint, elle aussi, naguère, devant Bapaume, la proie des invincibles Australiens.

Quelque huit cents mètres au delà de l'éperon du Polygone, apparaît la ligne sombre des hauteurs de Gheluvelt-Becelaere à Paschendaele ; c'est de là que l'ennemi retranché dirige son tir sur nous, c'est aussi son dernier rempart.

A nos pieds, cette agglomération de ruines blanches posée au centre du paysage, au pied de la crête de Becelaere, c'est Zonnebeke ; les obus en dispersent les derniers vestiges. On s'y bat sous nos yeux dans une tourmente de fer, de gaz et de feu.

Et voici Paschendaele !

J'aperçois distinctement, sur notre gauche, les ruines imposantes de l'église de couleur rose au milieu de bois qui sont encore des bois. Que de soldats à cette heure jettent sur cette crête des yeux de convoitise ! Paschendaele, Paschendaele, vous seriez si gentille de venir avec nous !

Au fond bétonné d'un abri où le thermomètre marquait 40 degrés, nous avons serré la main du général qui vient de prendre Zonnebeke ; il n'était vêtu que de son pantalon et de sa chemise, et il caressait les muscles de ses bras nus, comme un boucher content de soi. Il parut un peu surpris, ce brave homme, qu'un journaliste français vînt jusque là lui faire visite. L'instant d'après, nous étions devenus d'excellents amis. Dans la cagna chaude comme une serre, un aviateur vint nous rejoindre. Vous savez que Guynemer est mort ? lui dis-je. Il ne le savait pas ; personne ne le savait encore. En apprenant la triste nouvelle, le camarade anglais a pleuré, oui ! pleuré comme un gosse, parce que Guynemer n'est plus.

Le soir, comme je rentrais un peu tard chez

l'hôtesse qui, suivant les termes de mon billet de logement, me donne place au lit, au feu et à la chandelle, la brave femme m'a dit avec une apparence de reproche.

— « Monsieur rentre un peu tard ce soir. »

— « Excusez-moi, Madame, ai-je répondu, c'est que, voyez-vous, je reviens d'assez loin. »

Elle n'a certainement pas compris, la bonne dame, à quel point je disais vrai.

BROODSEINDE OU LA BELLE OCCASION

(4 octobre.)

La journée du 4 octobre devait être la plus glorieuse de la nouvelle campagne des Flandres. Dieu sait pourtant, lui qui nous en fit don, que nous avions un temps à ne pas mettre un avion dehors ! Un ciel maussade, une pluie fine, pénétrante et froide ; un vent de tempête, un vrai temps de chien : tel se présentait le soixante-sixième jour de la bataille des Flandres.

L'objectif ? S'emparer de la plus grande partie du rempart naturel que constituaient pour l'ennemi les hauteurs de Becelaere. L'enjeu était de premier choix, la tâche difficile.

Certes, depuis la conquête des crêtes de Westhoek, du Polygone, de Tower-Hamlet, l'ennemi ne jouissait plus du monopole des positions naturelles : à l'est d'Ypres, nous nous étions donné de l'air et de la vue, et nos batteries avaient pu faire d'excellente besogne. Néanmoins, la position de Broodseinde demeurait, aux mains de l'ennemi, un avantage énorme. Broodseinde avait joué dans la première bataille d'Ypres un rôle déjà considérable. Lorsque l'ennemi, ayant créé, dans le silence, après la bataille de la Marne, une armée de réserve, l'avait dirigée en partie sur l'Yser et sur le saillant d'Ypres, on vit apparaître dans l'histoire les noms mêmes qui illustrent ce récit. Le 17 novembre 1914, les Allemands lançaient du bois du Polygone sur les lignes britanniques deux corps d'armée réunis en secret et c'était de la position de Broodseinde que venait le secours, peut-être le salut. L'ennemi s'en étant emparé plus tard, avait ajouté à la force naturelle de la position celle d'une organisation défensive extrêmement soignée. Le terrain sur lequel nos hommes se battaient le 4 octobre 1917 comportait des défenses construites suivant les dernières méthodes de Ludendorf : trous d'obus organisés, nids de mitrailleuses, redoutes de béton armé, postes avancés avec de petites garnisons, densité des troupes en profondeur. Quant à l'artillerie ennemie, on en aura une idée lorsqu'on saura que chaque division allemande en possédait une concentration quatre fois plus grande qu'en période normale. Si le moral de l'adversaire avait été à la hauteur de son organisation défensive, il est vraisemblable que la partie aurait été singulièrement plus dure qu'elle ne fut. Mais nos coups répétés avaient fait à la bataille des Flandres, parmi les troupes allemandes, une réputation détestable [1].

Nous avions reçu la veille de l'attaque, par un projectile à message, le petit billet que voici :

1. Extraits de lettres écrites par des soldats allemands pendant la bataille des Flandres.

28, 8, 17. « Nous vivons dans des trous d'obus à moitié remplis d'eau. Sur le front et à l'arrière, ce n'est qu'un lac. La plupart des abris sont envahis par l'inondation et abandonnés. Dans ceux qui sont occupés, il faut pomper l'eau chaque heure. On n'ose pas se montrer pendant le jour, car du matin au soir vingt aviateurs anglais survolent nos lignes à une hauteur de trente à cinquante mètres. Aucun de nos vaillants aviateurs, à nous, ne fait son apparition ; ils préfèrent exhibitionner sur Ostende au bénéfice des visiteurs. »

10, 9, 17. « J'espère que vous êtes là-bas en meilleure posture que moi. Je n'ai jamais connu un lieu comme celui-là. Vous pouvez m'en croire, ici, c'est l'enfer déchaîné. Ce qui se passe est incroyable. »

« Chers Tommies, le tommy allemand vous adresse ses meilleures salutations. Quand y aura-t-il la paix ? Réponse de suite. »

La réponse vint au Boche le matin du 4, sur le coup de six heures ; mais dès cinq heures et demie, un événement curieux s'était produit. A ce moment en effet, de l'est de Zonnebeke, l'ennemi ouvrait lui-même sur nos lignes un feu de barrage qui ne laissait aucun doute sur ses intentions. Ignorant que l'heure de notre propre attaque était venue, l'ennemi allait rééditer le coup du 25 septembre, lorsque 24 heures avant notre offensive il prenait les devants contre Tower-Hamlet.

Ainsi, par une coïncidence tragique, assez rare à la guerre, nos projets et ceux de l'ennemi allaient se rencontrer, se heurter, exactement à la même heure. La collision qu'aucun des adversaires n'avait certainement prévue se produisit dans un corps à corps effréné, sanglant.

Les troupes australiennes gagnaient le sommet de la crête de Broodseinde, s'emparant en passant du village de Molenaarelstleoek, pendant que les Neo-Zélandais prenaient Gravenstafel et les troupes d'Angleterre Polderleoek. Au tableau, 4.446 prisonnniers dont 114 officiers.

Mais plus que les villages dont la nomenclature ornait si joliment le bulletin de victoire, les positions conquises avaient de l'importance en l'espèce. Désormais, toute la ligne de hauteurs qui dominent la cuvette d'Ypres depuis Warneton jusqu'à Broodseinde nous appartenait. Au lieu d'être observés et dominés, c'est nous qui observions et dominions la plaine de Menin et de Roulers. Nous pouvions, si nous le voulions, tenir Bruges sous nos gros canons. En fait de positions dominantes, l'ennemi ne possédait plus que l'extrémité septentrionale de la crête de Paschendaele avec le village du même nom.

Allions-nous profiter du désarroi de l'ennemi, tenter d'exploiter la victoire du matin en poussant jusqu'à Paschendaele ? L'occasion était tentante, nos hommes, ivres de leur succès, ne demandaient qu'à marcher tandis que l'ennemi dont les réserves, disposées le matin pour l'attaque manquée, avaient été mises à mal, manifestait un grand désordre.

Le général en chef Sir Douglas Haig, ayant pris conseil à midi de ses commandants d'armée et du général Anthoine, décida de ne pas poursuivre.

A POELCAPELLE

A la recherche de Guynemer.
(9 octobre.)

Vers le 15 septembre une nouvelle profondément attristante parcourut les rangs de l'armée franco-britannique de Belgique, puis, descendant le long du front, filtra à travers le public jusqu'à ce que les autorités militaires, rompant enfin le silence — car on avait espéré contre toute espérance — révélassent la mort de Guynemer.

Le jeune héros dont les splendides exploits faisaient battre depuis des mois le cœur de tous les Français était, disait-on, tombé « en plein ciel de gloire » aux environs de Poelcapelle.

Or voilà que, le 9 octobre, ce gros village à son tour était aux mains de nos alliés[1].

1. A cette date, Anglais et Français attaquèrent depuis le sud-est de Broodseinde jusqu'à Saint-Jansbeck, à 1.300 mètres au nord-est de Bixshoote. Il avait plu les jours précédents et les conditions pour l'attaque étaient les pires qu'on eût connues jusqu'alors. Malgré cela, Poelcapelle fut emportée ; de plus, Anglais et Français gagnèrent la lisière de la forêt d'Houthulst, cueillant 1.000 prisonniers.

C'est alors que j'eus la pensée de me rendre
sur la « tombe » de Guynemer, je veux dire sur
le lieu où le jeune héros était tombé. Certes, au
début de septembre, je ne pouvais espérer, en
me rendant à Poelcapelle, découvrir sa véritable
sépulture pour la raison bien simple que Guynemer n'a jamais été inhumé dans le village. Il
est vrai que, sur la foi des premiers renseignements, on l'avait pu croire un moment, mais le
correspondant de la *Gazette de Voss*, Max
Oxborn, écrivait du frond allemand des Flandres,
dès le 26 août, que si les autorités allemandes
avaient eu l'intention d'inhumer Guynemer dans
le cimetière de Poelcapelle, elles avaient dû
renoncer à ce dessein, en raison du feu de l'artillerie anglaise.

Plus tard, un radio allemand devait nous ap-
prendre que le corps et l'avion de Guynemer, pris
sous un feu de barrage intense avaient été littéralement volatilisés en sorte qu'on n'en avait pu
trouver aucune trace. Nouvel Elie, le jeune
héros s'était-il envolé sur un char de feu vers
le ciel dont il avait fait, vivant, son royaume ?

Nous voici donc un matin d'octobre franchis-

Déjà pendant la première bataille d'Ypres (octobre-
novembre 1914) Poelcapelle avait connu la fureur des
combats. Le 9e corps français s'y battit vaillamment.

sant, sous une pluie battante, le canal de l'Yser, puis l'Yser lui-même, tous deux aussi désolés l'un que l'autre. Puis nous escaladons la crête de Pilkem, ce qui est une façon de parler, puisque la pente est insensible, et que, dans ce pays, on ne s'aperçoit qu'on a fait l'ascension d'une crête, voire d'un mont, que lorsqu'on est parvenu au sommet.

Puis voici le Steenbeck, le ruisseau de la Pierre, qui ne roule pas un caillou. Les yeux suivent son cours sinueux par la ligne des ormes qui le jalonnent, avec leurs chevelures de vieilles sorcières. Encore un effort et nous sommes à Langemarck ; Langemarck arrosée de sang français en 1914, et de sang anglais en 1917 ; cité méconnaissable, où le château avec sa pièce d'eau, l'église, la mairie se confondent dans un même anéantissement. Poelcapelle est à trois kilomètres dans le nord-est. Y pourrons-nous atteindre ? Déjà les marmites ennemies s'essaiment dans notre voisinage et s'acharnent stupidement sur un tank échoué depuis un mois, qui porte au flanc une horrible blessure. Devant nous, autour de nous, s'étend l'immense champ d'entonnoirs, Pas un pouce de terrain qui n'ait été bouleversé, les trous chevauchent sur les trous ; les flaques d'eau teintées de sang com-

muniquent avec d'autres flaques. Il y a des étendues d'eau vastes comme des lacs.

Pas d'autres êtres vivants que des hommes et
des chevaux, d'autant plus invisibles qu'on approche de l'ennemi. Pas d'oiseau, pas de chien,
pas une herbe, mais de l'eau, toujours de l'eau ;
un désordre épouvantable de canons, de caissons
crevés, d'attelages hachés, de munitions éparses
et des centaines de cadavres de chevaux dont
les uns, enlisés, sont morts de faim sur place,
dont les autres ont péri par le feu de l'ennemi.
Vaste champ de pourriture, vallée de l'Ancre,
cent fois agrandie, abomination de la désolation.

Voilà en quel champ de repos, ô ironie des
mots, Guynemer a pris contact avec la terre
pour ne plus la quitter.

C'est donc là qu'il est tombé en vue de la forêt
d'Houthulst, toute proche à gauche, et de Paschendaele sur la crête vers la droite. Saluons
avec respect ce tout petit coin de Belgique où
plus tard, nous l'espérons bien, un monument
s'élèvera en l'honneur de Guynemer. Le cimetière
de Poelcapelle où le bruit courut d'abord qu'il
avait été inhumé, était en bordure de la route,
immédiatement à droite en entrant dans le village. Malgré ce que nous savions déjà, nous nous
accrochions à l'espoir de trouver dans ce chaos

la fraîche tombe du héros. Avec quelle ferveur nous allions nous agenouiller devant elle. Mais non ; une immense déception nous attendait au terme de ce pèlerinage.

Ce ne fut qu'à l'aide de la carte et avec les yeux de la foi que nous parvînmes à situer même le cimetière. Dans les convulsions de la terre, nous finîmes par trouver des morceaux de fer tordus qui ressemblaient à des croix, quelques vestiges douteux de couronnes mortuaires, enfin des ossements qui n'étaient point ceux de soldats nouvellement tombés au champ d'honneur. Et nous nous réjouîmes dans cet abîme de tristesse de ce que Guynemer n'avait point été inhumé en ce lieu où rien, suivant l'expression de Bossuet, n'a de nom, dans aucune langue.

La récompense : Paschendaele.
(6 novembre.)

Sous le « ciel de gloire » où Guynemer venait de s'évanouir, l'heure pour les combattants de l'effort suprême, de la récompense ou de l'échec final, était arrivée.

La manœuvre franco-britannique du 9 n'avait

été en somme qu'une opération de redressement
et d'alignement nécessitée par les avances anté-
rieures de l'armée britannique à l'aile droite. La
partie principale, la partie capitale, continuait
de se jouer sur les hauteurs à l'est d'Ypres, enjeu de la bataille de flanc, commencée le 7 juin
par la prise des crêtes de Wyschaete et de Messines. Au dixième round nous étions arrivés, on
peut le dire, sans jeu de mots ni d'esprit, au
point culminant des opérations. L'éperon de Paschendaele marquait géographiquement et militairement, ce que les Anglais appellent « le
climax » et ce que nous pouvons appeler le cou-
ronnement de l'œuvre entreprise dans les
Flandres.

Depuis trois mois, la crête de Paschendaele-
Sheluvelt avait été découpée en tranches successives absolument comme un gigot. La dernière
tranche, l'éperon de Paschendaele, demeurait en
la possession de l'ennemi qui conservait par elle
la supériorité de l'observation sur le saillant
d'Ypres.

De là, non seulement son regard continuait de
plonger au fond de la cuvette, mais il dominait
même les hauteurs moins élevées dont la conquête nous avait coûté tant de sang dans les
semaines précédentes.

Nous avions donc un intérêt de premier ordre à ne pas laisser à l'ennemi la possession de cet observatoire magnifique. S'en emparer, ce ne serait pas seulement couronner victorieusement une série de succès dont chacun pouvait à la rigueur se suffire à lui-même, ce serait encore édifier contre l'ennemi une menace redoutable. Qui ne voit encore aujourd'hui que la crête de Paschendaele forme un coin aigu enfoncé au cœur de la défense allemande en Belgique? Que de là nos canons pourront tirer dans le dos des Allemands de Dixmude à gauche et de Menin à droite, et qui pouvait dire, au moment où se déroulait la lutte, à quoi se résoudrait l'ennemi contraint par la force des armes à cette alternative : ou bien demeurer, sous le feu de l'artillerie, au pied des crêtes conquises par nous ; ou bien se retirer devant une armée bien résolue à la poursuivre? Le drame noué depuis juillet touchait à son dénouement, et il fallait qu'il en fût ainsi, car l'hiver frappait à la porte.

Au surplus, nous allions mesurer l'importance de la position à la résistance obstinée et farouche mise par l'ennemi à la défendre.

Dès les premières heures de la journée du 12, la lutte revêtait un caractère de violence extraordinaire ; nous nous heurtions aux mêmes

troupes que nous avions eues devant nous le 9,
leur relève ne devant avoir lieu que la nuit suivante. En conséquence il se trouva que les divisions fraîches de l'ennemi arrivèrent à point
pour permettre à celui-ci, par un rare bonheur,
de concilier son ancienne méthode de la défense
en profondeur avec son souci nouvellement appa-
ru de tenir de fortes garnisons en première ligne.
Aussi les Tommies avaient-ils à peine nettoyé
les premières défenses de leurs occupants que
des renforts, sans cesse renouvelés, vinrent les
obliger à de nouveaux combats ; les blessés,
échappés à cet universel massacre, affirmèrent
que jamais ils n'avaient assisté ou pris part à
d'aussi nombreux corps à corps.

A l'aile droite de l'attaque, l'action se déroula,
dans la première partie de la journée, d'une
manière favorable à nos armes ; dans un élan
irrésistible, les Australiens escaladèrent l'éperon
méridional de Paschendaele, et vers midi furent
maîtres un instant du village. Malheureusement,
sur les pentes ouest de la crête, l'affaire se présentait sous un jour plus difficile. Deux éperons,
l'éperon de Bellevue et celui de Goudberg, for-
maient là des bastions avancés dirigés vers
l'ouest de la crête que l'ennemi avait bourrés de
boîtes à pilules et de mitrailleuses. Nos troupes
ne purent y prendre pied.

TROUPE MONTANT EN RENFORT.

Puis, à deux heures de l'après-midi, le ciel, à peu près clément le matin, se couvrit de gros nuages et se fondit en une pluie abondante qui ne devait plus s'arrêter.

Comme le 31 juillet, comme le 15 août, comme le 9 octobre, le vieux Dieu allemand arrivait au secours de ses enfants en péril.

La guigne poursuivait nos amis.

La tempête faisait rage ainsi que la bataille ; des ombres fantomatiques passaient dans le brouillard en chancelant ; on entendait à chaque instant le bruit d'une chute dans l'eau, et l'on ne savait pas si c'était un obus perdu ou un blessé qui se noyait dans un trou d'obus. L'étang de Belward avait l'air d'une mer morte minuscule ; une tristesse, une angoisse indicible nous prenait à la gorge ; tout était misère et bruit ; on s'égorgeait dans les ténèbres et la terre saturée d'eau demandait encore du sang.

N'ayant pu s'emparer de Paschendaele d'un seul coup, Plumer décida de la réduire en trois étapes. La première fut l'éperon de Bellevue.

— Pour cette affaire, combien vous faut-il de canons, général ?

— Cinq cents.

— Combien en avez-vous, présentement ?

— Trois cent cinquante.

— C'est bien, dit le grand maître de l'artillerie, je vous donnerai autant de livres sterling qu'il vous manquera de canons au-dessous de cinq cents.

— Et moi, répliqua le général, je vous donnerai autant de livres sterling que vous me donnerez de canons au delà du nombre que j'ai demandé.

Ce dialogue de belle humeur, au soir du 12 octobre, prouvait clair comme le jour que nos amis n'entendaient pas demeurer sur leur échec du jour. Ils avaient tenté la chance en attaquant sans délai l'Allemand étourdi par sa défaite du 4. Mais on trouva des boîtes à pilules intactes et des réseaux de fil de fer non coupés. « C'était, comme on dit, à remettre » et c'est à quoi tous les efforts de nos alliés devaient tendre désormais.

Dans la nuit du 25 au 26 octobre, après une journée de sanglantes rencontres aux abords de la position, les Canadiens, appelés de Lens à la rescousse, prennent pied sur l'éperon de Bellevue, à l'ouest de Paschendaele. Les éperons fameux de Notre-Dame-de-Lorette, de Vimy, de Thiepval, de Vauquois, d'autres encore, avaient de ce jour un frère, ruisselant de sang comme eux, comme eux recouvert d'innombrables cadavres.

A l'aube de cette nuit sanglante, les soldats d'Anthoine partirent à leur tour à l'assaut des positions allemandes au nord de Bixshoote et, secondés par les Belges à leur gauche, s'emparèrent de Merckem et de la presqu'île de Luyghem. Mais ceci n'était qu'un épisode dans la bataille en cours.

Quant il connut par le détail l'exploit de l'éperon de Bellevue, le général qui en avait conçu le plan s'écria : « C'est le plus beau fait de guerre de notre armée. »

Or, cette armée était la même qui avait conquis Messines et Wytschaete, de la superbe manière qu'on connaît.

Qu'avaient donc fait ces hommes admirables pour se surpasser pareillement? Le voici en deux mots:

Le soir du 26, la maigre avance qu'au prix de mille difficultés, les Canadiens avaient réalisée vers l'éperon était, pour ainsi dire, annulée. La situation était vraiment tragique. On ne sait pas par quels moyens l'Allemand avait réussi à s'infiltrer à travers notre première vague d'assaut et à se réinstaller dans les dix-huit boîtes à pilules dont nous les avions chassés, quelques heures auparavant. Nous avions donc, au delà de ces redoutes qui crachaient la mitraille, de

braves soldats qui tenaient sur une ligne avan-
cée. Notre barrage était maintenu en avant de
cette poignée de héros ; le soir tombait, la pluie
aussi, les hommes se cherchaient les uns les
autres dans le champ des entonnoirs. Un flottement funeste dispersait les meilleures unités.
C'est à ce moment où la journée semblait com-
promise, qu'un colonel, brave parmi les plus
braves, un conducteur d'hommes, le colonel F...,
railla les troupes hésitantes, les prit en mains,
leur forga sur-le-champ un nouveau plan d'attaque et, se mettant à leur tête, sans aucune
protection de l'artillerie, monta à l'assaut de l'é-
peron et le conquit.

A minuit, la position était aux Canadiens avec
ses dix-huit boîtes à pilules ; c'était la clef de
Paschendaele. Mais il était dit que nous n'abor-
derions la position principale que par étapes
successives, avec toutes les garanties du succès.
De là l'opération du 30 octobre, qui n'avait
d'autre objectif que de nous rapprocher de cette
terre promise où nous avions la ferme résolution
de pénétrer avant longtemps.

Paschendaele, nom hier encore inconnu, cité
modeste haut perchée comme un fanion au-dessus de deux masses qui s'égorgent, aurons-nous
assez de fois contemplé votre grosse tour mas-

sive et la brique rose de vos maisons décapitées!

L'occupation de l'éperon de Bellevue — première étape vers l'occupation de Paschendaele — avait permis aux Canadiens de s'établir à quelque huit cents mètres du village. Toutefois, entre leur nouvelle ligne et la position principale, s'élevait encore une barricade, un renflement du terrain auquel les cartes militaires ont donné le nom de « Meetscheele Ridge ». En face de cette barricade, séparée d'elle par la dépression méridionale de l'éperon, se trouvait « Crest Farm » (la Ferme de la Crête), autre organisation défensive et bastion très solide.

Le 30 octobre, ce deuxième obstacle à la prise de Paschendaele tombait à son tour sous les coups des Canadiens qui se trouvaient ainsi aux portes même du village tant convoité.

En réalité, les Canadiens tenaient trois clés sur quatre ; c'étaient Meetscheele, au sommet de l'éperon de Bellevue ; Crest Farm et Grün Farm sur la crête de Paschendaele-Broodseinde proprement dite.

Le sort de Paschendaele était suspendu à la possession d'une quatrième position qui était de toutes la moins abordable : l'éperon de Goudberg, au nord-ouest de la place. Un terrain marécageux, parcouru par de nombreux ruisseaux, rendait l'attaque de front de Goudberg absolument impossible. Plusieurs expériences précédentes l'avaient malheureusement démontré.

Les Allemands ne se faisaient aucune illusion sur l'imminence d'une nouvelle bataille. Ils savaient que les Anglais voulaient Paschendaele et pourquoi ils la voulaient ; aussi étaient-ils déterminés à s'opposer de tout leur pouvoir à l'accomplissement de ce dessein.

Le prince Ruprecht faisait courir dans son armée le bruit que des ordres signés d'Hindenbourg enjoignaient aux troupes de l'empire de tenir à tout prix Paschendaele contre les tentatives des Anglais, ou de la reprendre coûte que coûte.

Ces ordres du grand maître, les nouvelles d'Italie, un déploiement de forces plus imposant que jamais avaient forgé chez les troupes que nous allions attaquer, un moral excellent. Le 5 novembre, l'ennemi releva toutes les divisions qu'il avait en face de nous.

Le 6, à six heures du matin, les Canadiens s'élançaient à l'assaut du Thiepval des Flandres.

Le jour pointait à peine, le ciel était gris avec, de-ci de-là, quelques échappées de bleu horizon, juste de quoi faire songer à l'armée française toute proche devant Houthulst. Par miracle, il ne pleuvait pas.

Goudberg, le dernier éperon qui résistât encore, tombait dès ce début de l'action en la possession de nos troupes, grâce à une habile manœuvre de l'aile gauche.

Puisqu'il était vain d'attaquer la position de front, les troupes y parvinrent par le flanc droit; évitant les bas-fonds où elles se fussent enlisées, elles suivirent d'abord les camarades qui luttaient déjà sur l'éperon voisin de Bellevue ; puis, opérant une brusque conversion à gauche, surprirent Goudberg par le côté.

Dans ce mouvement, les petites unités qui tenaient depuis cinq jours, dans le marais, comme à la ferme de la Source, jouaient un rôle précieux de soutien.

La ligne où, dès huit heures, les Canadiens parvenaient et qui était leur seul objectif, formait un arc de cercle extérieur à Paschendaele dont le village formait le centre.

L'assaut déferla sur la position de trois directions à la fois. Ce fut irrésistible, comme à Vimy. On se battait avec une énergie farouche, bien résolus à en finir une fois pour toutes. Gare au boche qui ne trouvait pas promptement un refuge dans la fuite, car un grand diable de Canadien se dressait aussitôt devant lui et sans lui dire : « Mon frère, il faut mourir » l'envoyait sans pitié *ad patres*. Aussi fûmes-nous fort surpris de rencontrer si peu de prisonniers.

— Où sont-ils donc ? demandions-nous.

A quoi les Tommies amusés, l'œil malin, répondaient en fredonnant :

T'is a long way
To Tipperary !

Alors nous comprenions toute la sévérité du drame qui se déroulait là-haut sur la colline qui dans le même moment fumait comme un Etna.

A 8 heures et demie, le drapeau de l'Union-Jack flottait sur les ruines de la vieille tour de briques roses que nos yeux avaient si longtemps caressée.

CHAPITRE IV

LA LOTERIÉ DE CAMBRAI

(*20 novembre.*)

Qu'on dise : Il osa trop !... Mais l'audace était belle.

(SAINTE-BEUVE,
dans la *Réhabilitation* de Ronsard).

« Messieurs, nous dirent à brûle-pourpoint nos hôtes le 17 novembre au soir, nous avons une très importante communication à vous faire. »

— ???

— « Demain matin nous prendrons l'offensive et dès le soir, si, comme nous l'espérons, le sort nous favorise, nous serons à Cambrai. »

Nous étions, en entendant ce discours, littéralement ahuris. Comment ! Nous venions à peine de retirer nos bottes pleines de la boue des Flandres et on parlait de nous emmener à Cambrai, comme ça, sans crier gare !

Mon voisin, sceptique, se pencha vers moi et me glissa :

— Ma parole, cet homme est fou... ou il se moque de nous.

Le conférencier continuait cependant :

« L'attaque aura lieu à 7 heures du matin ; elle s'étendra de Bellecourt aux environs de Saint-Quentin, sur un front de soixante kilomètres ; mais nous ne la pousserons à fond que de Mœuvres à Gouzeaucourt, soit sur une étennue de douze. »

Ça devenait donc sérieux ?

« Ah ! Remarque très importante : il ne sera pas tiré un seul coup de canon avant le départ.

— Mais alors ? dit l'un de nous.

— Et la préparation d'artillerie ? dit un second.

— Et les fils de fer ? objecta un troisième.

— Ça, dit mon voisin à voix basse, c'est du bourrage de crâne.

— Vous verrez... ce que vous verrez, répliqua l'orateur qui prit soin d'ajouter :

« Il s'agit d'une loterie. Nous avons d'excellents numéros en main, et par-dessus tout la surprise. Nous tenterons la chance. Good bye ! »

Tout le monde fut d'avis que le boche ferait le lendemain une drôle de tête, et aussi, que le public en France et en Angleterre serait plutôt « épaté ».

Mais peu à peu le scénario de la pièce prit du relief à nos yeux et nous commençâmes de comprendre.

Ainsi, au fur et à mesure qu'elles sortaient fatiguées de la lutte des Flandres, les divisions allemandes se retiraient dans les secteurs plus calmes, soit en Russie, soit à l'intérieur des lignes, soit même en quelque paradis du front occidental. Parmi ces paradis, celui d'Arras à Saint-Quentin n'était pas le moins recherché. Là, depuis les batailles sanglantes de mars et d'avril précédents, rien de fâcheux pour le soldat ne s'était passé et ne paraissait devoir se passer avant un très long temps. Pour un secteur tranquille, c'était un secteur tranquille. A peine de temps à autre lisait-on dans les communiqués quelques noms comme ceux d'Havrincourt, de Gouzeaucourt, où quelque raid n'avait eu pour but que de conserver le contact avec l'ennemi.

Qui aurait osé troubler une aussi charmante tranquillité ?

Cependant, dans le silence des grands quartiers généraux britanniques, des chefs évidemment mal intentionnés pour l'ennemi, mais singulièrement prévoyants, préparaient en pleine bataille des Flandres le réveil du secteur que l'ennemi, pour toutes sortes d'excellentes raisons, rêvait de voir sommeiller le plus longtemps possible.

Comment la formidable et opiniâtre offensive des Flandres laissait-elle à Sir Douglas Haig et à ses collaborateurs des loisirs suffisants pour en préparer une nouvelle ? Comment surtout pouvait-on songer à mettre à contribution à nouveau l'armée britannique ? C'est une question à laquelle répondra le lecteur lui-même. Mon rôle est seulement d'écrire l'histoire de cette étonnante aventure et non de l'apprécier.

Après avoir choisi pour théâtre de cette nouvelle bataille la partie même du front où l'ennemi se croyait le plus en sécurité, nos alliés s'enveloppèrent d'un impénétrable mystère. Si l'on voulait donner un qualificatif à cette offensive, il faudrait l'appeler l'offensive camouflée. On fit appel à toute la science du camouflage, et aussi à cette autre science qui n'est pas seulement utile à la guerre : le silence. Dans la zone choisie pour la future opération et hermétiquement fermée, une armée que l'ennemi pouvait croire composée comme la sienne de divisions fatiguées travaillait jour et nuit.

Le jour, c'était l'arrière, la nuit, c'était l'avant. L'arrière apportait sans relâche à l'avant l'instrument de son prochain triomphe. Quand l'ennemi croyait la masse de nos canons retenue dans les Flandres ou dispersée en Italie, il n'apercevait pas nos pièces de tous calibres, s'acheminant dans les ténèbres de la nuit vers des emplacements judicieusement choisis et préparés par nos états-majors. Quand il recevait sur la tête dans les Flandres des milliers de tonnes de projectiles, l'ennemi ne s'imaginait pas non plus que la production des usines britanniques fût assez abondante pour nourrir à nouveau en munitions une offensive de grand style ; et enfin, lorsque de l'autre côté de la barricade, les observateurs boches voyaient évoluer quelque placide avion, ils ne se doutaient pas que cet avion portait les meilleurs yeux de l'armée britannique ; que ces deux yeux travaillaient comme dix ; que, sans augmenter le nombre des appareils, afin de ne pas donner l'éveil à l'ennemi, nous procédions avec une patience d'ange à un travail colossal qui ne devait trouver son profit qu'à la minute même de l'attaque où notre plan se révélerait.

Tout cela, c'était du camouflage, de la ruse et, pour dire vrai, de l'intelligence, la meilleure, mise au service d'une force en plein rendement.

Tout concourait à induire l'ennemi dans l'erreur et jusqu'à ce projet d'extension du front

britannique rendu public, tout récemment, par
M. Painlevé, à la tribune de la Chambre, en
sorte qu'il pouvait s'imaginer que tous nos transports vers le Sud dont il ne pouvait pas ne pas
avoir jusqu'à un certain point connaissance
avaient une destination toute différente de la réalité.

Le 20 novembre, à l'aube, l'instrument était
au point et le général Byng pouvait le contem-
pler avec un légitime orgueil.

Quant à l'ennemi, il était dans une ignorance à
peu près complète de nos desseins.

Pouvait-il croire qu'un beau matin, sans avoir
tiré un coup de canon, un adversaire oserait
s'élancer à l'assaut de la fameuse ligne d'Hindenburg ?

Car c'était elle que nous avions devant nous,
elle, c'est-à-dire un système de défenses compli-
qué, organisé en profondeur, protégé par le béton, une artillerie bien en place et des garnisons
à pied d'œuvre.

Ici, le système défensif allemand ne comprenait pas moins de cinq lignes successives de
tranchées reliées les unes aux autres par des
boyaux de communication.

Eh bien ! ce beau et solide système, ces quin-
tuples réseaux de fil de fer barbelé, ces nids de

mitrailleuses, ces fossés profonds comme des ri-
vières, ces garnisons aguerries par trois ans de
guerre, tout cela allait s'effondrer en un clin
d'œil sans préparation d'artillerie. Et l'événement allait frapper l'univers entier de stupeur.

A l'heure zéro, le 20 novembre, tous les canons rassemblés sur le front d'attaque et qui
étaient jusqu'à ce moment demeurés muets,
révélèrent leur présence par un bombardement
épouvantable. Immédiatement derrière le barrage de l'artillerie s'avançaient majestueusement
en ligne de bataille quelque trois cents tanks
dont les ouvertures crachaient le feu sur les Allemands ahuris.

A deux cents mètres en avant, paradait le
tank-amiral, commandé par le général Ellès en
personne qui avait arboré très haut son pavillon.

Dans le sillon des mastodontes, marchait l'infanterie.

Et ce cortège fantastique, barrage de l'artillerie, tanks, fantassins, progressait à la même
cadence, et sur les routes en arrière l'armée du
matériel et les réserves allaient de même. C'était
un ébranlement de toutes choses, comme la mise
en marche d'un peuple entier, par quoi nous
avions l'impression d'être irrésistiblement entraînés. La roue de la loterie tournait, tournait,

et le cœur de l'armée était gonflé d'espérance.

Sur tout le front de l'attaque principale, la ligne Hindenburg était enfoncée. Nous pouvions alors observer à notre aise l'état singulier du terrain si différent de celui des batailles précédentes et particulièrement de la Flandre. Comme il n'y avait pas eu de préparation d'artillerie, le sol était à peine marmité et l'on pouvait marcher presque sans difficulté sur une terre caillouteuse, à peine détrempée malgré une pluie pourtant persistante, parmi les folles herbes. Certes, pour la saison, le terrain avait été judicieusement choisi.

Remarque non moins intéressante : par l'effet de la surprise et de la non-préparation d'artillerie, les routes chez l'ennemi n'étaient pas en mauvais état, nos pionniers n'avaient qu'à combler le passage des lignes successives de tranchées allemandes pour que nos transports pussent avancer sans peine. C'est pourquoi notre progression dès les premières heures avait été si rapide.

A une heure de l'après-midi, nos cavaliers pénétraient dans Mesnières, au sud de Cambrai ; et la tête de pont de Marcoing tombait en notre possession.

A gauche, Havrincourt avait été prise d'assaut

L'OFFENSIVE ALLEMANDE. SCÈNE AU BORD DE LA ROUTE.

Photo officielle armée brit.

dès les premières heures de la journée ; mais malheureusement, le village de Flesquières allait nous tenir en échec jusqu'au soir.

La nuit vint sans que nous fussions à Cambrai. Néanmoins, jusqu'au 21 après-midi, on conserva l'espoir d'y parvenir et de changer la victoire du premier jour en une apothéose. Peu s'en fallut qu'on réussît !

Il est trois heures. Le 21 j'observe la bataille de la cote 130 dont les pentes s'abaissent au nord vers Marcoing tout proche, et vers l'est vers Crevecœur-sur-l'Escaut. Une pluie fine obscurcit le magnifique panorama. Je vois distinctement, néanmoins, les maisons de Marcoing, pour la plupart indemnes, et au-dessus d'elles le bois des Neuf, que nous avons pris hier.

A gauche du bois, cette tache roussâtre immobile qu'on prendrait volontiers pour un réseau de fils de fer, au flanc de la cote 110, c'est une division de cavalerie qui attend ; au sommet de la cote, un avion abattu, la proue en terre, pointe sur l'horizon. Plus loin, beaucoup plus loin, cette sorte de gros nuage sombre, c'est le bois de Bourlon : on s'y bat furieusement.

Mais qu'est ce crépitement qui éclate soudain si près de nous dans la direction de Masnières ? On semble autour de moi prêter une attention extraordinairement soutenue au développement du combat qui se livre à moins d'un kilomètre de là. J'en demande la raison. On me répond que le sort de la bataille dépend de ce qui se passe sous nos yeux. Ou ce sera la percée dans un instant, ou le rêve s'évanouira.

Autour de nous, c'est un fourmillement d'hommes, de chevaux sellés, d'attelages de toutes formes et de toutes dimensions ; on dirait une tribu campant en plein air. Sur elle plane un lourd silence. La cavalerie dix fois appelée dans cette guerre, dix fois déçue, la cavalerie est là ; elle attend, elle espère. Les escadrons forment des groupes épars, les hommes, la bride de leurs chevaux autour du bras, sont accroupis, en rond, et parlant peu ; beaucoup, étendus dans l'herbe dorment profondément ; les officiers grillent des cigarettes et s'ennuient. Serons-nous encore une fois déçus, semblent-ils se demander les uns aux autres ? Il est tard, la nuit tombera dans une heure et l'ordre de la marche en avant n'arrive pas : on va jurer, on jure,

Halte-là ! Voici qu'un officier venant à bride abattue de la direction de Marcoing transmet un pli au commandement.

Alors j'ai vu sur une immense étendue des

ombres se lever, la terre s'animer, les chevaux montés de solides gaillards blancs et noirs portant la lance dans la main droite, prendre les formations de combat, face à l'ennemi, et la cohue devenue une troupe ordonnée, innombrable, s'ébranler vers la brèche que venait d'ouvrir l'infanterie. J'ai vu cela et j'ai pleuré d'enthousiasme car je ne savais pas, car aucun de ces cavaliers ne savait que la brèche, un instant entr'ouverte, dans la « tranchée de Rumilly », déjà s'était refermée irrémédiablement.

Le 30 novembre, du côté de Gouzeaucourt, un jeune général de brigade anglais prenait tranquillement son bain journalier quand un de ses officiers d'ordonnance entra en coup de vent et brièvement rendit compte que l'ennemi ayant percé nos lignes, arrivait à proximité du quartier général.

« Sauvez les documents et laissez-moi », dit l'homme nu.

L'instant d'après, le général, en pyjama, n'ayant pour tout signe distinctif de son grade que sa casquette bordée d'or, le stick à la main, ralliait péniblement autour de lui une vingtaine de Tommies en retraite. Il les encourageait, les dirigeait comme à l'exercice, réglait le tir, indiquait les positions à occuper. Mais le nombre de la petite troupe diminuait et il arriva un moment où le général se vit seul, avec son pyjama. Il prit alors ses jambes à son cou, courut au village le plus voisin, ramassa autour de lui des infirmiers, des cavaliers démontés, des ravitailleurs et aussi quelques pionniers américains et avec eux organisa la défense du village.

Malheureusement il n'y avait point de canons de campagne ; le général s'en inquiétait quand un soldat lui dit :

« A droite, à telle distance, je connais un emplacement de batterie.

— Je vous donne trois quarts d'heure pour l'amener ici. »

Les Boches étaient à cinq minutes, mais le général et ses gens se battirent si bien, que la batterie eut le temps d'arriver ; alors, à l'aide de ce précieux renfort, le pyjama prit l'offensive et reconquit son quartier général avant que l'eau du bain ne fût devenue tout à fait froide.

Ce même matin, deux Irlandais, appartenant à une formation sanitaire, avaient obtenu d'aller en compagnie d'un sous-officier, dans l'auto de la formation, visiter le champ de bataille du côté de Flesquières. L'aller fut plein de charme, le ciel était propice, la route pas trop mauvaise ; mais comme les voyageurs qui n'avaient jamais vu la guerre d'aussi près revenaient par Villers-Plouich, entre Marcoing et Gouzeaucourt, ils furent tout surpris d'entendre vers leur gauche une canonnade épouvantable.

— Des exercices de tir, dit l'un d'eux.

Les autres acquiescèrent.

Mais voilà qu'un peu plus loin, une balle traversa le casque d'un voyageur.

— Les maladroits, dirent-ils, ils pourraient nous tuer !

Ils étaient bien éloignés de penser que le Boche était à deux pas. Aussi ce fut pour eux une stupéfaction, lorsque dans Gouzeaucourt ils apprirent la fâcheuse nouvelle. Alors ils mirent l'avance à l'allumage, mais à peine l'avaient-ils fait, que l'auto, rencontrant un tirailleur allemand, lui passa sur le ventre.

— Le pauvre ! dirent les infirmiers, et, ayant chargé le Boche sur l'auto, ils l'emportèrent à l'hôpital.

Déjà, les blessés affluaient de toutes parts. Que s'était-il passé !

Je me souviens qu'au lendemain de la surprise du 20 novembre, un officier britannique me disait sous Marcoing : « L'Allemand devra sous peu choisir entre ces deux partis : ou bien reprendre ses positions perdues, ou bien se résigner à un nouveau recul. »

Cet officier avait raison ; l'Allemand ne pouvait consentir à sa défaite, moins pour des raisons morales qu'à cause des conditions matérielles, auxquelles notre avance l'avait contraint. Sur un front de dix kilomètres environ, il avait perdu cette bonne ligne Hindenburg, où il avait l'intention de passer tranquillement l'hiver. Allait-il, sous le feu, construire hâtivement de nouvelles défenses, au lieu d'essayer de reprendre les anciennes ?

D'autre part, en enfonçant dans ses lignes ce coin dont la pointe arrivait à une lieue de Cambrai, nous avions distendu son front. Or, il n'y a point d'économie que l'ennemi ne doive faire dans le personnel de ses garnisons. Comment y parvenir, sinon en réduisant le fâcheux saillant creusé par nous le 20 novembre ? Et puis il y avait la question de Cambrai.

Oh ! non pas certes, que le souci d'épargner à la ville les horreurs d'un bombardement inquiétât l'ennemi, — la seule question que l'ennemi se posât au sujet de Cambrai, c'était celle de ses communications.

Or, si l'Allemand, depuis le 20 novembre, occupait encore Cambrai militairement parlant, il n'en avait plus la jouissance ; toute l'organisation des chemins de fer, dont Cambrai est un nœud si important, était sous le feu de nos canons les plus modestes ; aucune troupe, aucun matériel ne pouvait emprunter la gare ; c'était insupportable. Quoi faire ?

Se retirer ? mais en se retirant, l'ennemi laissait entre les mains des Anglais une grande et belle ville intacte, un gage précieux.

Au point de vue moral, l'affaire n'était pas plus fameuse. Et sur quelle ligne se retirer ? L'Allemand n'en avait point de prête. Il fallait donc à tout prix rétablir la situation telle qu'elle était avant la surprise du 20.

Le coup de Byng avait été irrésistible ; la riposte allemande ne le serait pas moins. On chercha particulièrement à lui donner le caractère qui avait si bien réussi aux Anglais, celui de la surprise. On fit du colossal et du surprenant.

Et d'abord la conception du plan.

L'Allemand pouvait, semblait-il, en se servant de Cambrai pour rassembler ses divisions de choc, déboucher un beau matin sans crier gare en plein centre de notre front de bataille et s'attaquer à la pointe même du saillant vers Marcoing et Masnières. C'était un plan ; ce n'était pas celui des Allemands,

L'ennemi avait médité une opération de plus

grande envergure ; elle devait consister, ni plus ni moins, à couper le saillant par la base. Il ne s'agissait pas seulement d'une réduction, mais d'une ablation complète de cette excroissance si désagréable récemment survenue sur le front d'Hindenburg.

Et voilà pourquoi ce matin, à une heure d'intervalle, aux deux extrémités de la base du saillant Mœuvres-Masnières-Vendhuile, l'ennemi déclenchait deux attaques également formidables et soudaines.

Ce fut au sud que l'affaire débuta, à 7 heures et demie, entre Vendhuile et Crèvecœur, par un bombardement très court, mais d'une grande intensité et avec une débauche d'obus à gaz asphyxiants. Puis l'infanterie ennemie entra en action, mais au lieu de s'avancer, ainsi qu'on aurait pu si attendre, d'est en ouest, les vagues allemandes déferlèrent du sud sur un front Vendhuile-Epehy, à l'endroit même où notre nouvelle ligne se raccordait avec l'ancienne.

Tous les témoignages, tous les renseignements s'accordent à dire que l'ennemi n'avait pas mis en ligne dans ce seul secteur moins de cinq divisions. En présence d'une telle masse, il y eut dans les rangs des soldats britanniques un certain flottement ; submergés par l'avalanche de

l'ennemi et non protégés par de solides retran-
chements, qu'ils n'avaient pas eu le temps de construire depuis le 20 novembre, les Tommies re-
culaient.

Successivement, la Vacquerie, Gonnelieu, Vil-
lers-Guislain, glorieuses conquêtes du 20 novembre, retombaient au pouvoir de l'ennemi.
A 10 h. 1/2 du matin, Gouzeaucourt, lui-même,
que nous avions dans nos lignes avant le coup
de Byng, était envahi par la marée allemande.

Nous nous demandions avec angoisse, quel
mauvais vent soufflait donc sur les nôtres ? Si
nous pourrions arrêter l'ennemi.

Soudain, vers trois heures de l'après-midi,
une ligne de tirailleurs géants apparut à l'ouest
de Gouzeaucourt. Hurrah ! c'étaient les tanks.
Un fois de plus les tanks, épouvante des Allemands, providence des Tommies, conduisaient
notre infanterie à la bataille ; il y avait là,
marchant derrière los mastodontes, une division
de la garde et des éléments de cavalerie indienne
promptement rassemblés. Il y avait aussi de
braves pionniers américains, qui, dès le moment
où ils avaient aperçu l'ennemi, avaient troqué la
pelle et la pioche contre un fusil et une baïon-
nette.

Ce fut cette troupe composite qui sauva

l'honneur des armes britanniques. A trois heures de l'après-midi, Gouzeaucourt était libéré et nos soldats, poursuivant leur marche vers l'est, traversaient la voie ferrée, au fond de la vallée, faisaient l'ascension de la côte 130, et là, maintenaient définitivement l'Allemand en respect, les deux adversaires paraissant également épuisés.

Sur le flanc gauche du saillant, jalonné par le front Mœuvres-Bourlon-Fontaines, l'ennemi avait tenté, une heure plus tard, à 8 heures 1/2, une manœuvre semblable à celle qui avait failli lui réussir dans le Sud. Mêmes procédés dans la préparation de l'attaque, même détermination dans l'assaut.

Six divisions marchaient en formation si denses que nos artilleurs, d'après leurs dires, n'avaient pas besoin de viser. « Il nous suffisait, dirent-ils, de taper dans le tas. »

Plus heureux, parce que sans doute mieux retranchés, et singulièrement secourus par la formidable position du bois de Bourlon bourré d'artillerie, les soldats de Byng tinrent bon. L'ennemi ne passa point.

C'est là qu'on vit un colonel dont l'œil droit avait été, le matin, crevé par une balle de mitrailleuse, refuser de quitter ses « poilus ». Bien

que sa blessure fût affreuse et le fît terrible-
ment souffrir, le blessé voulut demeurer en ligne
jusqu'à la fin de l'affaire. Vers le soir, comme il
arrive souvent, l'œil gauche du blessé commença
de souffrir par sympathie pour l'autre. Les officiers suppliaient leur colonel de se laisser évacuer.

— Je veux bien, dit-il, mais sur l'avant ; et
choisissant le plus jeune de ses lieutenants, il
partit avec lui faire l'inspection des avant-postes.

La nuit tombait et les obus aussi. Les Tommies regardaient avec des yeux de pitié passer
leur colonel aveugle et trébuchant. Nouvel Œdipe
au bras d'une nouvelle Antigone. Lui, les encourageait de la voix et du geste. Il visita tout
le monde et, quand il eut fini, l'aveugle dit à
son lieutenant :

« Allons à l'ambulance, il fait nuit maintenant. »

Les yeux du colonel n'ont pas revu l'aurore.

LE COMPLOT

10 février.

X... sort de ma chambre, ma chère petite chambre de la rue des Cordeliers, à Amiens, où dans quatre mètres carrés tiennent mon lit de camp, ma toilette, ma table de travail et ma cantine. Le major venait m'annoncer une nouvelle très importante : le grand choc allemand est, paraît-il, fixé au 1er mars, et il se produira dans le secteur Arras-Saint-Quentin. Les renseignements du service de l'Intelligence anglaise sont formels.

Or, a ajouté mon interlocuteur, nous ne sommes pas tout à fait prêts et il faut à tout prix retarder l'échéance de l'attaque jusqu'au 15 mars.

J'ouvrais de grands yeux et de grandes oreilles en entendant les révélations de X. Il a poursuivi :

Nous avons plusieurs moyens pour retarder l'événement : notre aviation par exemple fera ces jours prochains tout ce qu'elle pourra pour dé-

truire au fur et à mesure les travaux préparatoires de l'ennemi. Nous avons déjà fait sauter
des dépôts de munitions considérables à l'est de
Cambrai et de Saint-Quentin.

Mais il y a d'autres moyens... Il y a la presse.
C'est pour ça que je viens vous trouver. Il faut
révéler le dessein de l'ennemi. Il faut qu'avant
huit jours le commandement allemand sache
que son programme est connu de nous. Le programme ne s'en trouvera pas modifié, j'en ai
peur, mais l'heure de son exécution s'en trouvera peut-être retardée. C'est tout ce que nous
voulons.

Le résultat de l'entretien a été que nous allions tenter la chance.

19 février.

Le coup est fait. Les journaux de Paris
publient ce matin des articles dont le fond est
identique ; tous démasquent l'intention de l'ennemi. Dans ma dépêche à Havas, j'ai écrit :

« Nous savons que le choc se produira entre
Arras et Saint-Quentin et nous verrons sans
doute l'ennemi attaquer sur d'autres points...
l'ennemi ne s'en tiendra pas à la vieille méthode
du long bombardement préalable. L'infanterie

allemande n'attend pas le succès d'une longue préparation d'artillerie, mais elle fonde un grand espoir sur l'effet d'un coup de surprise du genre de ceux qui ont si bien réussi.en Galicie, à Riga et dernièrement sur l'Isonzo. »

Au surplus, pourquoi serions-nous plus discrets que la presse allemande elle-même ? Voilà un mois qu'à grand orchestre elle nous prédit une offensive comme nous n'en avons jamais vue. Les préliminaires moraux de ce grand événement .sont déjà commencés. L'esprit public allemand est préparé chaque matin suivant un dosage savant aux nouveaux sacrifices que l'Empereur et sa clique militaire vont très prochainement demander au pays.

Le moral du soldat allemand n'est pas moins travaillé. Les officiers racontent à leurs hommes des histoires merveilleuses touchant un nouveau gaz qui serait le *nec plus ultra* de l'art de tuer. Par un scrupule d'humanité, l'Empereur n'aurait pas voulu que son armée s'en servît jusqu'à ce moment de la guerre, mais l'attitude arrogante et cupide des puissances de l'Entente ont lassé la bonté impériale. Il faut en finir une fois pour toutes avec les peuples de proie !

Au reste, le fantassin allemand n'aura pas une tâche bien difficile ni même très périlleuse

à remplir. Lorsqu'il sortira de la tranchée pour
aller de l'avant, il ne trouvera devant lui ni
défenses, ni troupes anglaises. Les unes et les
autres auront été pulvérisées. Il ne restera plus
qu'à cueillir le fruit de la victoire, de la victoire
décisive, de celle qui amènera avant quatre
mois la fin de la guerre. Je ne sais pas comment
on appelle ça en Allemagne, mais comme « bourrage de crâne », avouons que ce n'est pas mal !

22 février.

Paris, si nous en croyons les bruits qui nous
parviennent, serait partagé présentement en
deux catégories de citoyens : les « offensistes »
et les « défensistes ». Les mots sont de Pierre
Veber qui en fait heureusement de meilleurs.

Les « offensistes » de Paris croient fermement
en ce qu'annoncent les journaux boches et —
c'est pourquoi je les aime — ils consentent à
avoir foi en nos propres prédictions. Les « défensistes » prétendent au contraire que nous
sommes, nous et les neutres, victimes d'un vaste
bluff de l'Allemagne et ils invoquent mille excellentes raisons pour justifier leur thèse. Il y a
des paris engagés de part et d'autre. Je connais

un brave colonel français qui a parié avec un officier anglais un dîner à Paris contre l'offensive allemande. Voilà qui devient sérieux, mais qui doit amuser singulièrement les Boches.

Dieu merci, le commandement britannique qui est le premier intéressé en cette affaire n'a garde de prêter l'oreille à ces discussions parfaitement oiseuses. Comment douterait-il de la réalité du complot allemand quand tous les renseignements, ceux que fournissent les prisonniers, les déserteurs, nos espions, nos aviateurs, s'accordent à montrer jour par jour, heure par heure, les préparatifs de l'ennemi ?

Jamais pareille accumulation de matériel, humain ou autre, n'a été faite sur aucun théâtre de la grande guerre. Les trains apportent sans arrêt des divisions de Russie et ce transport varie en quantité suivant que les négociations de Brest-Litowsk et de Buda-Pest sont plus ou moins ardues. Les soldats allemands qui étaient chez eux en permission ont reçu des prolongations pour que leur retour ne gênât pas le trafic ; ceux qui devaient partir en congé ont vu celui-ci ajourné. Hommes, canons, munitions sont déversés dans l'Ouest ; la Belgique et le Nord de la France ne furent jamais envahis par tant d'hommes armés à la fois, même en août 1914.

Photo officielle armée brit.

UNE VILLE PRÈS DE NOS LIGNES. PAS UNE MAISON N'EST RESTÉE DEBOUT.

Néanmoins, rien dans l'emplacement actuel de ces réservoirs d'hommes et de matériel ne suffirait à nous renseigner encore sur le secteur où ils seront employés.

Bien plus précieux à ce sujet sont les aérodromes, par exemple. Par leur nombre et par leurs emplacements, il est rare qu'on ne puisse deviner le secteur probable d'une offensive prochaine.

Or, sur le front de la prochaine attaque, c'est-à-dire entre Arras et Saint-Quentin, nous voyons, à la lettre, les aérodromes allemands pousser comme des champignons. Rien que devant le front de la 5ᵉ armée britannique, en moins de sept semaines, vingt-deux aérodromes ont vu le jour. Même multiplication pour les hôpitaux de campagne.

A quoi bon tant de travaux préparatoires si l'armée allemande entend rester sur la défensive?

Et ces manœuvres de troupes allemandes en arrière du front, qui sont comme des répétitions de ce qui va se passer, n'est-ce pas un indice certain de la volonté de l'ennemi! Une lettre de prisonnier dit textuellement : « Nous venons de rester trois semaines au camp de Sissonne. La division y a fait de grandes manœuvres avec artillerie et cavalerie. C'est probablement en vue de l'offensive que nous avons fait ces manœuvres qui se rattachent à la guerre de mouvement. *Nous allons nous embarquer pour venir en ligne devant Noyon.*

27 février.

Ce soir, à minuit, tous les permissionnaires allemands devront avoir rejoint leur corps sur le front occidental. Les soldats sont prévenus qu'ils n'obtiendront plus de congé avant trois mois, ce délai paraissant suffisant au commandement allemand, pour en finir avec l'adversaire, c'est-à-dire avec nous.

Le rappel des permissionnaire signifie-t-il que l'offensive commencera à la date que les Allemands se sont fixée, le 1er mars ?

En tous cas, qu'elle se produise demain, après-demain ou dans ou dans quelques jours, l'offensive allemande est en quelque sorte handicapée par la grande supériorité de l'aviation britannique. Ce sera la première fois, croyons-nous, qu'une offensive de grande envergure sera tentée sans que, même temporairement, celui qui l'entreprendra se soit assuré la maîtrise de l'air.

L'aviation vient de vivre des jours extrême-

ment glorieux. On lui devra en grande partie
d'avoir pénétré les desseins de l'ennemi, puis
d'en avoir suivi pas à pas, jour par jour, la réali-
sation sur le terrain. C'est elle qui, en interdi-
sant aux appareils allemands l'accès de nos
lignes et de nos arrières, aura privé l'ennemi de
renseignements précieux, inestimables à la veille
d'une entreprise offensive.

Tous les jours où le temps l'a permis, nos appareils ont survolé la zone ennemie, pénétrant
très avant dans les lignes de l'adversaire.

Grâce aux aviateurs, nous avons connu les
mouvements de troupes, les constructions nouvelles, les emplacements de batteries, etc.

Ce sont eux qui ont dirigé le travail de destruction entrepris par notre artillerie, détruisant
eux-mêmes au cours de bombardements souvent
lointains, toujours dangereux, les trains et les
convois ennemis, les cantonnements, les dépôts
de munitions, les gares, etc.

Des chiffres, des documents? En voici qui
concernent une seule semaine d'aviation (du 12
au 18 février):

Au tableau : 58 appareils boches descendus,
39 détruits sans contestation, 19 hors de con-
trôle. En regard, 11 appareils britanniques por-
tés manquants. Dans cette semaine, 26 tonnes

de bombes ont été déversées sur l'ennemi, 43.000 coups de mitrailleuses tirés, 6.657 photographies ont été prises.

Cette supériorité tient beaucoup moins au nombre — car l'Allemagne produit beaucoup — qu'à la qualité des appareils de nos alliés. Elle tient aussi et surtout, à la science et à l'audace des aviateurs britanniques.

Quoi qu'il en soit, l'offensive est commencée... dans les airs.

2 mars.

Alerte hier sur le front français où l'ennemi poussa des reconnaissances si puissantes qu'on a pu croire un moment à l'ouverture d'une véritable offensive.

Alerte aujourd'hui sur le front britannique. Il semblait, ce matin, que le grand jour était arrivé. En réalité, il ne s'agissait que d'opérations locales peu différentes de celles des temps derniers.

Ce qui fait la nouveauté de la situation et son intérêt grandissant, c'est la généralisation et la simultanéité de ces opérations encore secondaires. Saint-Quentin, Hargicourt, Neuve-Chapelle, Paschendaele, autant dire tout le front britannique, ont été le théâtre aujourd'hui de fortes reconnaissances de l'ennemi. Manifestement, celui-ci s'efforce de disperser notre attention, et avec notre attention, nos réserves. Malices un peu grosses après quatre années de guerre.

Patientons.

10 mars.

J'ai vu, depuis que je suis sur le front britannique, bien des spectacles émouvants, mais je n'en ai point rencontré de plus attristant que celui des gens qui ont tout perdu et qu'on voit rôdant parmi les ruines sans nom à la recherche d'une maison ou d'une tombe, ce qui généralement revient au même.

Je me souviens particulièrement d'avoir aperçu un jour dans Miraumont, une femme. Était-ce une femme ou une statue ? Elle était habillée de noir avec de longs voiles et tournée vers le côté gauche de la route, devant une maison effondrée, elle paraissait prier, les yeux perdus, rivés à cette ruine comme à une apparition invisible pour nous.

Notre voiture passa, la frôlant presque avec un bruit d'enfer. La femme ne bougea point ; elle poursuivit son rêve et sans doute pleura sur celui qu'elle voyait évanoui.

Hier, sur l'emplacement de ce qui fut La Boisselle, à cinq kilomètres dans l'est d'Albert, ce
fut un couple que je rencontrai. L'homme —
un employé de chemin de fer — la femme, un
méchant fichu sur la tête, étaient venus passer
leur dimanche dans ce chaos invraisemblable.
Je leur demandai pourquoi ils venaient errer
ainsi parmi ces lieux inhospitaliers et j'appris
que la femme était née à La Boisselle, il y a
quelque quarante ans.

« Je n'arrive point dit-elle à retrouver l'endroit où je suis née !

— Moi, dit l'homme, je suis de Thiepval. Ça
ne vaut pas mieux. »

Braves et pauvres gens, pourront-ils jamais
s'établir à nouveau dans ces lieux dévastés,
renouer la chaîne par quoi ils se relieraient au
passé !

Il n'en faut pas désespérer. Ce que nous
voyons, ce que nous apprenons chaque jour de
la renaissance des pays naguère envahis, auto-
rise toutes les espérances.

Mon cœur de Français se remplit d'une grande
joie intérieure lorsque, parcourant ces régions
désolées, je vois les villes et les villages renaître,
le bétail chaque jour plus nombreux repeupler
les vallées de la Somme et de l'Ancre, la vo-

laille prolifique s'enfuir en bandes effarouchées
devant nos voitures assassines, quelques cheminées d'usines réparées, s'empanacher de fumée ;
Albert se repeupler, Péronne panser ses hor-
ribles blessures, Ham et Nesles retrouver leur
existence paisible d'autrefois, et les champs, les
champs de bataille de la Somme, s'ouvrir à nouveau sous le soc de la charrue, avec l'empressement d'une mère joyeuse d'être fécondée.

O Pays admirable que mon pays !

20 mars.

C'est pour demain, demain jeudi, jour de printemps. Silence aux beaux parleurs, aux stra-
tèges en chambre ; plus de paris, plus d'hypo-
thèses. Le fait est là brutal ; l'ennemi attaquera
demain. Il est prêt, archi-prêt ; le sommes-nous
aussi ?

Les officiers et les soldats britanniques n'ont
rien changé à leurs habitudes, les uns et les
autres sont parfaitement calmes. Dimanche à
Ham, l'armée de Gough avait organisé un concours hippique, la belle humeur règne partout.

Ceux qui savent que c'est pour demain envi-
sagent l'événement comme une fatalité inévitable, mais tout en reconnaissant que le choc

sera rude, ils ont confiance dans son résultat.

Oserai-je écrire que la certitude où l'on est maintenant a libéré dans une certaine mesure les esprits et détendu les nerfs. Cette longue attente était crispante. Maintenant qu'on sait, on respire mieux.

Il en est de même parmi les gens du peuple. Depuis que les Amiénois, par exemple, savent que « ça ne va plus tarder » :

— Tant mieux, disent-ils. Fallait qu'ça vienne !

D'autres disent : Un peu plus tôt, un peu plus tard !

Ou bien : Puisqu'on peut point faire autrement !

Ces propos m'ont rappelé avec une rare acuité ceux que l'on tenait en France à la déclaration de guerre en 1914.

Quant à nous, correspondants de guerre, nous avons pris nos dispositions de combat ; les cartes, les block-notes, les crayons, les voitures, toutes nos armes sont prêtes.

Quand je disais que la certitude du grand choc avait procuré de l'apaisement aux esprits ! Nous étions ce soir presque gais et nous en avons honte, secrètement. M... qui croit aux prophéties, à la télépathie et à un tas de choses en ie,

délicieux confrère et charmant pince-sans-rire,
nous a divertis en cette veillée d'armes en com-
mentant le document que je reproduis fidèlement
ici, et qu'il avait appelé plaisamment le « com-
muniqué astral » :

« La catastrophe sismique qui désolera le bas-
« sin méditerranéen n'est que retardée. Le Midi
« de la France en souffrira. Quant à l'Italie, elle
« en sera tellement affectée que la botte de la
« péninsule perdra son pied tout entier. Cet
« événement prédit depuis plusieurs années par
« le sensitif magnétique s'accomplira l'été de
« préférence. Il y aura un déluge de sang en
« Russie et dans ce déluge une restauration
« monarchique. Le nouveau tsar appartiendra à
« la famille Romanoff. Le peuple russe jouira
« d'un grand élargissement de libertés et la
« révolution n'aura pas été en vain.

« La France traversera bientôt des épreuves
« plus terribles que celles qui l'ont assaillie jus-
« qu'ici. Le moment paraît proche où une for-
« midable ruée des hordes germaniques gagnera
« du terrain et inspirera les plus vives inquié-
« tudes. Paris n'est pas particultèrement me-
« nacé, mais plus au nord une ville dont le nom
« commence par un A est désignée comme
« devant être le théâtre d'une panique d'uni-

« formes avec des scènes de violence et de pil-
« lage... Il ne faudra jamais perdre courage car
« le triomphe du droit est assuré. De terribles
« scandales éclateront et des corruptions inouïes
« seront mises en pleine lumière....

« L'ennemi se croira sûr du succès. Alors sur-
« gira un héros prodigieux qui donnera la vic-
« toire... »

J'en passe... et des meilleurs !

DEUXIÈME PARTIE

LA RUÉE

LA RUÉE [1]

(21, 22, 23 mars 1918.)

D'abord ils avaient le nombre.

Quand ils eurent tiré de Russie tout ce que la situation leur eut permis d'en tirer, quand ils eurent vidé les dépôts de l'Allemagne, quand ils eurent exigé de l'Autriche qu'elle fournît sa contribution de chair à canon et de canons, les Allemands se trouvèrent avoir de la Mer du Nord à la Suisse quelque 199 divisions. Ils n'en avaient jamais eu autant sur ce front occidental. Néanmoins, jusqu'au 20 mars, la force combattante de leur armée n'égalait pas tout à fait en nombre celle des Alliés réunis sur ce même front. Mais attendez.

C'était bien devant les Anglais qu'étaient

1. Je ne pouvais sans tomber dans la confusion publier mes notes sur les premières heures de la bataille telles que je les trouvais sur mon carnet.

C'est pourquoi afin de composer un récit d'ensemble et plus compréhensible, j'ai abandonné ici la forme du journal.

concentrées en majeure partie les réserves allemandes ; toutefois, pour celer leur dessein, ils
avaient maintenu également de grosses concentrations de troupes devant certaines parties du
front français.

Or la nuit qui précéda l'attaque, l'ennemi,
faisant un rapide usage de ses lignes de communications intérieures, amena toutes ses troupes
en face de la zone qu'il allait assaillir.

Cela représentait une masse de 98 divisions,
soit, si l'on admet que les divisions allemandes
fortes de 7.500 hommes l'an dernier avaient
été renforcées de 2.500 hommes en vue de la
grande offensive, c'est un million d'hommes qui
allaient se ruer dans la bataille.

Ce million d'hommes était réparti entre trois
armées qui étaient de La Fère à Arras : la XVIIIᵉ
(von Hutier), la IIᵉ (von Marwitz) et la XVIIᵉ
(von Below). Seule, la IIᵉ armée occupait le
secteur avant la préparation de l'offensive ; les
deux autres étaient venues l'encadrer.

Chacune de ces trois armées, autant que je
sache, comprenait treize corps d'armée de six
divisions, les autres divisions au nombre de
vingt constituant la réserve stratégique. L'ennemi attachait tant de prix aux premiers résultats de son immense effort qu'il avait engagé dès

les premières heures près de la moitié de son
effectif total, exactement 41 divisions.

Les objectifs ? Ils tenaient pour le soldat allemand dans cette consigne brutale : pousser en
avant jusqu'à ce que l'impossibilité de continuer
fût démontrée.

Pour le commandement, cette consigne un
peu simpliste se traduisait par des flèches poin-
tées ambitieusement sur la carte dans la direction de l'ouest. Il fallait par exemple que
von Hutier fût à Ham le soir même du 21 ; que
Martwitz entrât autant que possible dans Amiens
le 27, etc...

Quant à la firme Hindenburg-Ludendorf, qui
ne recevait de consigne que d'elle-même, elle se
proposait tout simplement ceci : rompre la liaison anglo-française, rejeter les britanniques sur
la mer, vers le nord, les isoler et les enfermer
dans le quadrilatère entre la Somme, la côte et
les Flandres. Le compte des Anglais réglé,
viendrait le nôtre.

L'ordre de bataille était pris, les consignes
données, le bombardement commença. Il était
cinq heures, le 21.

Le bombardement n'allait pas durer plus de
quatre heures, conformément à la théorie allemande de l'attaque brusquée, mais il allait battre

en violence, en densité, en variété tous les records des bombardements antérieurs, y compris ceux de Tarnow et de Verdun.

On aura quelque idée de la densité de l'artillerie allemande en jetant les yeux sur le tableau suivant qui se réfère à la situation du 25 février dernier, c'est-à-dire près de quatre semaines avant l'événement que nous racontons ici.

Estimation de l'artillerie allemande en Europe le 25 février 1918

FRONTS	DIVISIONS	ARTILLERIE DE CAMPAGNE			ARTILLERIE LOURDE	
		Batteries	Canons	Obusiers	Batteries	Canons
Occident......	181	2239	5788	3168	1612	5803
Russie........	55	561	1488	756	393	1415
Italie......,.	3	45	120	60	5	18
Balkans.......	2	27	72	36	55	198

Il va de soi que cette concentration déjà énorme d'artillerie n'avait fait qu'augmenter au cours des dernières semaines.

Normalement, chaque division d'infanterie allemande possède en artillerie de campagne une dotation uniforme d'un régiment à neuf batte-

BLESSÉS ANGLAIS ET ALLEMANDS ATTENDANT D'ÊTRE ÉVACUÉS

ries dont six constituées de canons de 77 et trois
d'obusiers légers de 105. En ligne, elle reçoit
en outre de l'artillerie lourde en quantité va-
riable suivant les circonstances ; en général il
lui est affecté un groupe dit Fernkampfgruppe
et comprenant une batterie de 120, une batterie
d'obusiers de 150 et deux ou trois batteries de
210.

Dès le début de mars, l'artillerie de chacune
des divisions allemandes de choc massées dans
la région de Saint-Quentin comportait quinze
batteries d'artillerie de campagne à quatre pièces
et quelquefois plus, et dix-huit à vingt batteries
d'artillerie lourde dont la moitié appartenait à
des bataillons de nouvelle formation armés de
matériel nouveau.

Chacun des groupements était sous les ordres
d'un général d'artillerie. L'artillerie de campagne comprenait soixante pièces dont quarante-
quatre canons et seize obusiers légers. Beaucoup
des batteries de canons étaient armées du nou-
canon K.I.H.

Les vingt batteries lourdes de chaque division
étaient composées en moyenne de vingt-deux
canons dont huit de 10 cm. de calibre, huit de
13 cm. et six de 15 cm., et de quarante-huit
pièces courtes dont quarante obusiers de 15 cm.

et huit mortiers de 21 cm. En outre chaque division disposait d'une batterie de canons pour combat rapproché ou Nachkampfbatterie et de sections de canons contre avions.

Comme, au jour de l'offensive, quarante divisions devaient toutes ensemble et d'une seule masse se ruer à l'assaut, les Allemands avaient donc concentré 1.300 à 1.400 batteries, soit plus de 5.000 pièces sur les 80 kilomètres de front d'attaque, ce qui représente la densité formidable de près de vingt batteries au kilomètre, sans compter les grosses pièces à longue portée de 15, 24, 27 cent. et plus, qui se trouvaient à l'arrière des lignes et devaient appuyer l'assaut.

La conduite à tenir par les artilleurs avait été réglée d'avance. Ils avaient reçu des instructions pour que plusieurs batteries au moins aient leur tir réglé d'avance sur une seule batterie et sur un seul observatoire anglais.

Les instructions recommandaient d'exécuter, le jour de l'offensive, avec une force égale, une concentration de feux telle que la destruction des dépôts de munitions et des voies d'accès de nos alliés fût assurée rapidement et que la désorganisation de la circulation dans la zone de l'adversaire fût méthodique.

Cinq mille bouches à feu dont la plupart

étaient demeurées muettes jusqu'au matin du 21
commencèrent ensemble leur œuvre de destruction et de mort. Tandis que les pièces à longue
portée, et parmi elles beaucoup d'autrichiennes,
prenaient sous leur feu les voies de communication, les gares et les villes éloignées du front
comme Albert, Péronne, Noyon, les obusiers et
les pièces de campagne martelaient sans arrêt
les lignes proprement dites. Les munitions
étaient données aux artilleurs allemands à profusion. Leur obusier de 150 par exemple pouvait
et devait dépenser dans les quatre heures du
tir préparatoire à l'assaut jusqu'à 1.200 projectiles, dont 300 à gaz asphyxiants devaient être
lancés en dernier lieu.

Le gaz, ce fameux gaz qui devait tout anni-
hiler, empoisonner, était spécialement réservé à
nos emplacements de batterie. Les artilleurs
britanniques le reçurent assez bien, protégés
qu'ils étaient par un masque de bonne qualité.
La plupart devaient travailler masqués pendant
la nuit douze heures consécutives. Il est à
remarquer, en outre, qu'en raison de l'obscurité
— le jour ne se levait guère avant sept heures —
et du brouillard, l'artillerie allemande devait
régler son tir presque uniquement par le repé-
rage du son, invention française trop tôt connue
de l'ennemi.

Dans ce même moment, des milliers et des milliers de mortiers de tranchée, amenés patiemment dans les premières lignes boches, vomissaient le feu, le fer et la mort sur les avant-postes britanniques, pulvérisaient les réseaux de fil de fer barbelé, ensevelissaient les défenseurs, réduisaient au silence nos mitrailleuses et avant que la seconde de l'assaut fût arrivée, avaient transformé le terrain organisé pour la défense en un champ d'entonnoirs où de rares survivants, rajustant leurs masques avec rage afin de se défendre contre l'asphyxie, juraient de vendre chèrement leur peau.

Alors ce fut la ruée.

De la Scarpe au sud de La Fère, sur un front de 80 kilomètres, la meute allemande fut lâchée. Il était neuf heures du matin.

Deux jours d'un soleil avant-coureur du printemps avaient asséché la terre. Toute l'humidité de l'hiver s'exhalait chaque matin en une brume épaisse qui se dissipait généralement à l'approche de midi.

En cette matinée, par une fatalité qui devait singulièrement servir le dessein de l'ennemi, il semblait que, pour entrer dans le printemps, la terre mît une coquetterie à ne pas vouloir rencontrer le soleil et que pour cela elle donnât

tout son reste d'humidité en un brouillard qui,
selon l'expression populaire, « n'était pas à couper au couteau ».

La vérité est qu'on n'y voyait pas, à neuf
heures du matin, à 40 mètres devant soi. Le
résultat pour nous fut désastreux, car toute
notre défense — et Dieu sait si elle avait été
soigneusement préparée — dépendait de la conjugaison de nos tirs d'artillerie et de mitrailleuses ; mais cette conjugaison elle-même dépendait de l'observation.

Quand la meute surgit hors de la brume devant nos soldats ahuris, il était trop tard. Elle
était sur nous avant que nous eussions pu déclen-
cher nos propres feux.

C'était une ruée ordonnée, méthodique,
presque savante. Ce demi-million d'hommes ne
marchait pas à l'aventure. La meute était tenue
en laisse par les règles solides de la plus récente
méthode de combat. Chacune des 41 divisions
de choc avaient deux régiments en ligne.
Chaque régiment était disposé de la manière
suivante : deux bataillons en avant, un troisième
en soutien, ce dernier accompagné d'un quatrième bataillon d'assaut. Du premier bataillon
au quatrième, il n'y avait pas une distance supérieure à 800 mètres.

En avant, se ruaient les deux bataillons de première ligne qui avaient des objectifs limités, tantôt la prise d'un point fortifié, tantôt l'occupation d'un bois. Arrivés à cet objectif, le bataillon s'arrêtait et s'organisait sur le terrain conquis, cependant que le bataillon de soutien et le 4ᵉ bataillon d'assaut passaient à travers les deux premiers comme au travers d'un filet ou comme une vague sur une autre vague et s'élançaient à la conquête d'un objectif plus éloigné. Mais tandis que le bataillon de soutien bornait là son effort, le 4ᵉ bataillon composé de troupes spéciales, marchait, marchait, marchait toujours jusqu'à épuisement.

Un observateur en avion, si le temps avait été plus clair, aurait pu croire qu'un mascaret sorti des profondeurs de la terre roulait soudainement vers la Manche.

Deux armées britanniques faisaient face aux trois armées allemandes de Hutier, de Marwitz et de Below. C'étaient : la Vᵉ armée sous le commandement du général Gough et la IIIᵉ armée sous le commandement du général Byng.

La première s'étendait de Barisis, au sud du massif de Saint-Gobain, jusqu'au nord de Gouzeaucourt ; la seconde prolongeait ce front jusqu'à la rive droite de la Scarpe, à la hauteur de la route de Douai à Arras où elle donnait la main à la Ire armée du général Horne.

Chacune de ces deux armées disposait de quatre corps d'armée, à l'effectif de trois divisions, mais tandis que la IIIe armée possédait quatre divisions en réserve, la Ve n'en avait que deux. Il est clair que ces effectifs, bien que considérables, étaient très inférieurs aux effectifs allemands concentrés dans les heures qui avaient précédé immédiatement l'attaque. Si encore la supériorité du nombre s'était fait ressentir également sur tout le front de la bataille, les troupes britanniques n'eussent pas redouté l'issue de la lutte. Il leur était maintes fois arrivé de se mesurer à un contre deux ou même contre trois.

Mais l'ennemi, malin, avait profité de cette supériorité numérique pour constituer en des points déterminés de son front des masses de choc auxquelles aucune force humaine n'aurait pu résister. Six divisions allemandes, par exemple, accablaient une seule division britannique dans la courte distance qui sépare Pontruet de Saint-Quentin. Neuf autres assénaient un coup de massue à une division anglaise entre Cherizy et Noreuil sur un front de 10 kilomètres.

Mais en revanche, certaines zones comme

celle qui allait du bois d'Havrincourt à Gouzeaucourt n'étaient le théâtre, en ces premières
heures d'offensive, que de démonstrations de la
part de l'ennemi.

La mêlée n'était donc pas égale sur toute l'é-
tendue du front d'attaque allemand. Aussi ses
péripéties et ses résultats allaient-ils varier à
l'infini.

L'extrême aile gauche de la IIIᵉ armée britannique demeurait sans changement pendant
toute la première journée, depuis la route de
Douai à Arras jusqu'à l'ouest immédiat de
Cherizy qui appartenait à l'ennemi. Nous possé-
dions Monchy-le-Preux et la colline de Henin
depuis la bataille d'Arras de 1917.

Le décollement de la ligne commençait pratiquement entre Croisilles et Ercoust-Saint-Mein.
Entre ce dernier village et Doignies, l'ennemi
avait pénétré dans la matinée dans la zone de
bataille britannique sur une profondeur moyenne
de 2.800 mètres.

Il avait été moins heureux entre Doignies et le
canal du Nord où ses attaques massives n'avaient
pas eu raison de l'admirable résistance des
Black-Watch de la 51ᵉ division, inscrite pour
sa bravoure sur la « liste noire » allemande.
L'ennemi surpris dépêcha aux hommes de la

51ᵉ division, à l'aide d'un projectile, ses félicitations.

Remarque curieuse : l'ennemi, au début de la bataille, n'avait pas entrepris d'action d'offensive à fond de Mœuvres à La Vacquerie, c'est-à-dire contre ce que nous appelions le « Saillant de Cambrai ». Il s'était contenté d'attaquer Flesquières assez mollement et avait échoué.

On verra par la suite du récit qu'il se proposait de réduire ce saillant sans combat, par le simple développement des opérations engagées sur les flancs.

La lutte s'était poursuivie âpre et violente de Gouzeaucourt à Barisis devant le front de la Vᵉ armée. L'aile droite de cette armée avait assez bien supporté le premier choc de l'armée de Hutier ; mais il n'en avait pas été de même du centre et de l'aile gauche où, dès les premières heures, la situation fut critique.

Des ordres furent donnés à l'artillerie de se retirer par batteries en échelon, et aux garnisons des points d'appui de l'avant, d'évacuer leurs positions à mesure qu'elles devenaient inutiles pour couvrir la retraite.

Gough n'avait que deux divisions en réserve. C'était peu pour s'opposer au flot qui avançait. Des rapports d'aviateurs, reçus vers la fin de la journée, révélaient que toute la région derrière la ligne d'attaque était bondée d'Allemands et que des masses de troupes fraîches étaient amenées en hâte de toutes les directions possibles.

Ces renforts incessants permettaient à l'ennemi de continuer à attaquer en vagues denses et rapprochées. Un blessé anglais comparait cette multitude « à des essaims d'abeilles s'échappant de la ruche ».

Dans ce péril extrême, Gough n'avait d'autre ressource, ayant fait donner ses maigres réserves, que de livrer des combats d'arrière-garde, en causant à l'ennemi le maximum de pertes.

L'armée de Byng à gauche, le corps français à droite, étaient tenus au courant de la situation à mesure qu'elle se développait. Il apparut, ce premier soir, que le recul moyen de la Ve armée avait été de cinq kilomètres environ.

Si quelques-uns avaient compté sur la nuit pour donner aux chefs et aux soldats quelque répit, ils furent cruellement déçus, car les combats ne cessèrent pas avec le jour. Sans perdre une heure, l'ennemi entendait exploiter ses succès initiaux et son acharnement se tourna pendant les ténèbres contre les points de notre ligne qui avaient osé résister. Le Verguier, Epehy, Doignies, d'autres villages encore étaient

les témoins de luttes titaniques dans lesquelles
à cinq contre dix-sept, comme au Verguier, les
britanniques tenaient tête à l'ennemi. Vraie nuit
de Walpurgis !

A l'aube du 22 mars qui nous apporta le
soleil, l'ennemi, peu satisfait du résultat de ses
opérations de la veille contre l'aile gauche de
l'armée de Byng, revenait à la charge avec une
fureur accrue, d'une part contre nos positions de
Hénin et d'autre part contre Doignies et Vaulx-
Vraucourt, où les tanks avaient fait le 21 après-
midi une hécatombe d'Allemands.

La colline de Hénin tomba après une lutte
qui dura de huit heures du matin à trois heures
de l'après-midi ; l'ennemi l'avait attaquée par
trois colonnes convergentes venues de Croisilles,
de Fontaines et de Chérizy.

A Vaulx-Vraucourt, la journée se passa sans
que le succès se prononçât nettement en faveur
de l'un ou de l'autre adversaire. Au huitième
assaut, dans la nuit, le village succomba. Ce
n'était plus qu'un charnier. Au prix dont la
IIIe armée lui faisait payer depuis deux jours sa
maigre avance, l'ennemi ne pouvait aller très
loin.

Malheureusement, cette même journée du
22 mars n'avait pas vu le repli de l'armée de
droite se ralentir, bien au contraire.

A minuit, elle était parvenue sur la ligne :
Oise, Canal-Crozat, la Somme. Monchy-Lagache,
Vraignes, Tincourt, à l'est de Nurlu. Encore un
pas en arrière, et la bataille allait à nouveau
déferler sur l'ancien champ de bataille de la
Somme.

Du coup, le saillant de Cambrai n'était plus
tenable pour la IIIᵉ armée. Il fut évacué dans
la nuit et les deux armées se mirent à l'alignement pour l'aube du lendemain.

Nous étions parvenus de la sorte au troisième jour de la bataille où le soleil se leva plus
éclatant encore que le jour précédent. Pas de
brouillard, pas un nuage. Un ciel de juin, des
bourgeons ruisselants de la sève du printemps.
Dans Roye, je rencontrai le premier cerisier en
fleurs ; le blé d'hiver tapissait de vert de vastes
étendues où, l'heure d'après, le sang allait couler.

Les routes débordaient d'une vie comme nous
n'en avions jamais rencontrée jusqu'ici. C'était
quelque chose comme une foire, comme un cara-
vansérail énorme s'étendant sur des dizaines et
des dizaines de kilomètres. Le spectacle d'une
armée qui recule ne peut pas être un beau
spectacle ; pourtant celui-là avait encore de la
grandeur. Un ordre minutieux présidait aux
mouvements de l'énorme appareil en retraite.

A tous les carrefours de routes, les inévitables policemen réglaient, comme dans Piccadilly, la marche des convois les plus hétéroclites. Je comptai jusqu'à trois rangs de voitures au milieu de la chaussée. De chaque côté, les piétons montaient vers la fournaise ou en revenaient, chargés de colis, de sueur et de poussière. Des artilleurs dormaient sur leurs caissons ou leurs chevaux ; le matériel était en bon état et aussi les chevaux.

Tout un monde défilait devant nous. Mêlés aux Britanniques, des travailleurs italiens et des coolies chinois, ces derniers portant leur « barda » à la mode orientale, c'est-à-dire fixé aux deux extrémités d'un long bâton flexible. Ils étaient coiffés d'immenses chapeaux de paille crasseux et la sueur tombait sur leurs poitrines au vent.

Vaste déménagement des hommes et des choses. Un quartier général de corps d'armée s'installait sur le bord de la route et l'on voyait des camions déverser en plein champ des meubles coupés à la serpe, des ustensiles de toilette à côté des archives, cependant que dans le ciel, un avion venait jeter les dernières nouvelles des unités du corps engagées dans la bataille proche.

Au delà de Péronne, de hautes colonnes de
fumée révélaient l'incendie des dépôts de matériel
et de munitions. Et voici qu'une autre réalité
plus émouvante encore nous apparut. C'était le
long cortège des habitants fuyant la nouvelle
invasion. Il y avait là des attelages de tous mo-
dèles ; le plus souvent c'était une charrette chargée de matelas, de sacs de blé ou d'avoine, de
ferrailles, de portraits de famille, d'enfants, tirée
tantôt par des chevaux et tantôt par des bœufs;
le père ou le grand-père, le *pater familias* antique
conduisait, tenant les guides. Les femmes coiffées
d'un méchant mouchoir, avaient l'air résigné.
N'avaient-elles pas déjà vu ça ?

Le bétail suivait, attaché à la voiture ou tenu
au licol par un enfant. Mais, beaucoup d'ani-
maux demeuraient dans les prés abandonnés.
Nombre de villages récupérés, naguère frémis-
sants de vie, ressemblaient à cette minute à des
agonisants dont la vie se retire.

Noyon survolé par un avion ennemi se recro-
quevillait autour de sa vieille cathédrale. Des
mines inquiètes nous regardaient passer au travers des rideaux ; puis, rassurés parce que ce
n'était pas *eux*, pas encore du moins, les gens
se remettaient à faire leurs malles.

Le soleil baignait la place du vieil Hôtel de

ville comme au 14 juillet et devant tant d'angoisses d'une part, tant de lumière de l'autre, je me rappelais le vers du bon Coppée :

Elles se moquent bien de nos malheurs, les choses !

Quand par la route de Paris apparut soudain une tête de colonne, puis la colonne elle-même, puis un drapeau, puis des canons ; et, sur la place ensoleillée, une musique dont les cuivres jetaient au soleil des éclairs, acheva de réveiller la ville agonisante.

Les Français, appelés par leurs amis, venaient à la rescousse pour arrêter la Ruée.

LA DIGUE

(*24 au 27 mars.*)

C'était le 5ᵉ corps d'armée français qui le premier se jetait dans la brèche et proférait à nouveau à la face de l'ennemi le cri français de : On ne passe pas !

Heures inoubliables, celles d'où dépendent pour un peuple des années et des siècles peut-être d'esclavage ou de liberté ! L'avenir de la France et de la liberté du monde se trouvait suspendu alors à la décision d'un chef et à la conduite d'une poignée de soldats. Et quel spectacle aussi de suprême grandeur !

D'un côté, l'armée allemande, exaltée comme au début d'août 1914 par ses premiers triomphes en marche vers Paris, pour y imposer sa loi, les conditions de paix, consacrer la victoire allemande, terminant dans un raid formidable, étincelant et rapide comme l'éclair ce que toute l'Allemagne appelait déjà la Bataille de l'Empereur. Quel enthousiasme ! Quel triom-

Lorsque les Français avaient deux divisions, les Allemands en avaient six ; quand les premiers en ont eu quatre, l'ennemi en avait huit. Comment pouvaient-ils résister ? En attaquant.

Pendant trois jours, le 5e corps d'armée lutta, seul contre six divisions allemandes. Il ne reculait qu'à la dernière extrémité, disputant au prix du sang le plus élevé chaque mètre de terrain cédé. Attaqué, il attaquait et c'est quand il paraissait vaincu qu'il devenait le plus redoutable.

Ce fut le cas à Villeselve, à Plessis-Patte-d'Oie, à Guiscard, au bois de Frières, à Grandru. On se cramponna à Genvry, puis à Appilly et l'on se trouva, enfin, acculé le 25 à Noyon où l'on avait défilé musique en tête deux jours auparavant.

Le soir, les « bleu-horizon », la rage au cœur, quittèrent les dernières maisons de Noyon. Et l'aube du 26 les vit sur les bords de l'Oise qui devait marquer le terme de leur glorieux calvaire.

Des renforts, en masse, une artillerie, en bloc, formait ici la digue infranchissable contre laquelle allait dans les jours suivants se briser le rêve allemand de la marche sur Paris.

Le cœur de la France était sauvé.

Or, pendant qu'avec leurs poitrines et leurs

*

baïonnettes les Français barraient à la ruée allemande la route de Paris, les Anglais élevaient, au prix d'efforts également héroïques, une digue sur la route d'Amiens.

Dès le moment où elle avait connu les préparatifs de l'ennemi, la bonne ville d'Amiens avait perdu un peu de son sourire accueillant ; les visages et les conversations y étaient devenus plus graves. Néanmoins, jusque vers le 24 mars, la physionomie de la capitale picarde avait peu changé. Le commerce n'avait pas été inquiété et c'est à peine si sur une population de 120.000 âmes quelques timorés avait quitté la ville.

La nouvelle de la grande offensive n'avait surpris ni ému personne. Mais, dès le 21, les alertes se multiplièrent. Le tocsin du beffroi vint mettre plusieurs fois par jour la population en garde contre la venue des avions.

Cela semblait tout drôle, bien qu'on ne fût qu'à soixante kilomètres, à peine, du front de bataille. C'est qu'une légende populaire représentait la cité comme à l'abri des bombardements aériens.

On racontait qu'un officier supérieur allemand fait prisonnier et blessé en 1917 avait été si bien soigné dans un hôpital de la ville par une infirmière française qu'il s'était offert à accorder ou à faire accorder toute faveur qui lui serait demandée. La Française aurait sollicité pour Amiens la faveur de n'être pas bombardée, et les avions n'étaient pas revenus.

Or, voilà que la légende mentait ou que l'ennemi était parjure. Les bombardements de nuit commencèrent sérieusement dans la nuit du 23 au 24. L'ennemi essaya vainement cette nuit-là de faire sauter l'usine à gaz.

On compta à l'aube une dizaine de maisons détruites et des victimes civiles.

Néanmoins, la ville encore toute peuplée ignorait le grave danger qui la menaçait. Elle ignorait que, le 24, l'ennemi avait occupé Sailly-Saillisel et Combles sur cet ancien champ de bataille de la Somme où les Amienois, « bien en cour », avaient commencé d'aller excursionner le dimanche. Ce jour-là 5.000 cavaliers allemands avaient fait irruption dans Guillemont. Longueval — autre nom fameux de la Somme — tombe malgré le sacrifice de quelques équipages de tanks.

Le 25 voit la malheureuse 5e armée disparaître en tant qu'unité autonome. Ses éléments qui combattent au nord de la Somme sont incorporés à la 3e armée de Byng ; ceux du sud vont au général Fayolle. C'est l'effondrement.

Pour comble de misère, le corps d'armée qui tenait ce jour-là le sud de la rivière est bousculé à Marché-le-Pot. Ce qu'il en reste campe le soir sur la ligne Hattencourt-Chaulnes-Ablaincourt-Estrées-Assevillers et Frise.

Et Amiens ne sait toujours rien !

Si l'ennemi continue du même pas, il arrivera dans la ville avant que celle-ci ait connu le péril. Quel butin !

Amiens ne possède pas de défense, ou plutôt elle n'en possède plus. Celle que les Français avait construite en 1916, de Demuin à Sailly-le-Sec, a été comblée après la retraite allemande de 1917 pour les besoins de l'agriculture. Le 25 mars, il n'y a pas une tranchée pour défendre la ville. Et quand il y en aurait, que mettrait-on dedans ? Il n'y a plus de réserves.

Néanmoins, un bataillon du génie canadien reçoit l'ordre de restaurer l'ancienne ligne, et, pour la garnison, on va faire un miracle.

Dans la nuit du 25 au 26, de minuit à trois heures du matin, une troupe est rassemblée. Ah ! on n'est pas difficile ! On fait la râfle de tout un peu.

Bientôt 2.000 hommes sont réunis ; ils appartiennent à toutes les armes et à tous les services : compagnies du génie, ouvriers militaires, forgerons, puisatiers, électriciens, bourreliers, élèves et moniteurs des écoles de combats, grenadiers, tireurs d'élite, cartographes, pionniers américains.

Qu'est-ce que cela pour tenir une ligne de treize kilomètres et défendre une grande ville contre une ruée de soldats armés, homogènes, résolus ?

On se rassemble, on part. Il est neuf heures du matin. Pour tout armement, 76 mitrailleuses, avec chacune 40 magasins et 560 fusils-mitrailleurs. Chaque officier porte un fusil et la brigade canadienne des autos blindées apporte 14 mitrailleuses lourdes.

La belle artillerie pour défendre une place !

Un général, Carey, ose se mettre à la tête de cette troupe hétéroclite, presque ridicule. Ses ordonnances jouent le rôle d'agents de liaison.

Mais, ô miracle, voilà que l'opérette devient drame ; que ces gens rassemblés au hasard se battent comme s'ils avaient été entraînés ensemble depuis des mois. Ils sont ici, tout près d'Amiens, à Proyart et se battent comme des lions. L'ennemi s'efforce de traverser la Somme devant eux, à Cerizy, et n'y parvient pas. Surpris de rencontrer une résistance où il croyait trouver le vide, il appelle des renforts et re-

nouvelle sa tentative. Il ne passe pas. La cathédrale d'Amiens émerge comme un fanion, pro-
vocante et fière, à la barbe du Boche arrêté dans
sa ruée.

———

LE FLOT S'ÉTALE

(*20 avril.*)

Le flot, brisé contre la digue, est venu s'étaler jusqu'aux sables du vieux golfe de Saint-Omer, au pied des « monts » et des moulins.

Qui m'aurait dit que je reviendrais dans ces Flandres que j'avais quittées, il n'y a pas six mois, après cette offensive où c'était le tour aux Anglais de mener la vie dure aux Allemands ? Ma petite chambre, dont l'hôtesse trop prudente a déjà empaqueté le linge en vue d'une évacuation possible, est secouée par le bombardement continu qui sévit non loin d'ici ; mes vitres tremblent ; la maison solidement construite est ébranlée à chaque seconde par la formidable secousse des explosions. Il n'y a donc pas moyen de se libérer de l'enfer pour écrire avec quelque sérénité. Essayons tout de même et résumons.

Le 9, le front anglo-portugais entre Armentières et le canal de La Bassée est enfoncé.

Le 10, l'ennemi franchit la Lys à La Gorgue,

à Estaire, à Sailly et au Bac Saint-Maur ; la bataille s'étend à la crête de Messines-Wytschaete.

Le 11, la Lys étant franchie, l'attaque allemande se développe en éventail. Merville est capturée à l'aile gauche, Steenwerck à l'aile droite est dépassée.

Le 12, l'aile gauche marchante allemande s'efforce d'opérer la conversion à gauche qu'elle n'a pu accomplir le premier jour de l'attaque grâce à l'admirable défense de la 55e division. L'ennemi, appuyé à droite sur Merville et la forêt de Nieppe et à gauche sur la Lawe, pivote dans une direction sud-ouest, face au front Saint-Venant-Béthune. Pendant les premières heures de la journée, les troupes de la première armée britannique, commandée par le général Horne, très inférieures en nombre, doivent céder du terrain entre la Clarence et la Lawe. Elles le font lentement, disputant chaque mètre à l'ennemi. En fin de journée, l'armée a reçu des renforts, l'ennemi est contenu ; on respire un air plus confiant.

L'aile droite marchante de l'ennemi suivant la ligne du chemin de fer de Lille à Hazebrouck s'efforce de se frayer un passage vers Saint-Omer et Calais. Elle se heurte devant Bailleul aux troupes britanniques et c'est autour de cette ville qu'ont lieu les rencontres les plus sévères de la journée.

Le 13 avril, la situation dans la région de la Clarence et de la Lys s'est améliorée, au point que l'ennemi n'a pu enregistrer aucun succès nouveau.

Il se passe dans le nord exactement ce qui s'était passé au nord et au sud de la Somme après le repli des armées de Byng et de Gough ; nous assistons à une stabilisation du front de bataille. Les dates du 27 mars et du 13 avril sont à retenir. La froide résolution du général Foch et la promptitude de son action, autant que la résistance des troupes britanniques, ont abouti à ce beau résultat.

La journée du 12 avait été critique, principalement dans la région de Merville. Là, jusqu'à ce que les renforts fussent à pied d'œuvre, l'ennemi pressait avec des troupes fraîches la même division britannique qui avait subi le choc le 9. Elle avait défendu Laventie, puis Estaires, et elle défendait Merville.

La défense des ponts de Merville fut glorieuse. L'un de ces ponts fut envahi par un parti ennemi avant que les sapeurs britanniques l'eussent pu faire sauter. Un corps à corps eut lieu sur le pont même ; les Allemands furent jetés dans la Lys. Mais ce combat était à peine terminé que l'ennemi se présenta en plus grand nombre. Déjà, la tête de colonne encombrait le passage quand l'officier anglais mit le feu à la mine. Il fut enseveli avec le pont et la troupe ennemie qu'il portait.

Le 13, au matin, les Allemands, croyant n'avoir toujours affaire qu'aux troupes fatiguées des jours précédents, attaquaient au sud, à l'ouest et au nord de Merville. Leur erreur leur coûta très cher : ils avaient de ce côté trouvé leurs maîtres.

Mais c'était au tour de l'aile gauche de nous causer des inquiétudes. Les troupes de von Arnim, commandant la IVᵉ armée, en face d'Ypres, qui s'étaient emparées de Ploegstaert, sur la route d'Armentières à Messines, avaient arraché aux soldats du général Plumer, dans la nuit du 12 au 13, le village de Neuve-Église, carrefour de routes très important, sur le flanc droit du saillant d'Ypres.

L'exploitation immédiate de ce succès pouvait avoir des conséquences graves. Au contraire, le retard de l'ennemi fut exploité par nous. Neuve-Église fut reprise et la situation rétablie sur le flanc gauche.

Tenu en échec aux deux ailes, l'ennemi a cherché à obtenir une décision sur le centre du champ de bataille, et son effort a porté principalement dans la région plate qu'arrose la petite rivière de Meteren.

Du haut du mont des Cats, j'ai assisté à la bataille.

Dans le fond, Bailleul flambait avec les Allemands dedans. Je n'ai pas vu les Allemands, mais ils sont entrés dans la ville l'autre nuit. Déjà la ville brûlait ; elle continue.

Le mont des Cats que nous avions choisi pour observatoire est de ceux dont l'ennemi convoite avidement la possession. Ils sont comme cela une demi-douzaine qui gênent passablement les Allemands aux entournures ; ce sont le mont Kemmel, le mont Rouge, le mont Kokereele, le mont des Cats, le mont Cassel, pour ne parler que des plus gros. Notez que le plus haut de ces prétendus « monts » ne dépasse pas 130 mètres d'altitude, mais tout est relatif dans la vie et je vous assure qu'au-dessus de la plaine des Flandres la silhouette du mont Kemmel, par exemple, a une très fière allure. La cime de celui où nous voulions monter pour « voir » la bataille disparaissait ce soir dans le brouillard ; de loin, il nous apparaissait inaccessible comme un

Sinaï. Mais le brouillard des Flandres, c'est comme les femmes : bien fol est qui s'y fie. Nous continuâmes notre chemin.

Quel chemin ! jamais, non jamais, ni pendant la première bataille de la Somme, ni pendant la bataille de l'Ancre, ni même pendant la bataille des Flandres de l'an dernier, jamais je n'ai vu pareil charroi, dénombré tant de troupes, tant de voitures, tant de chevaux, vu pareille accumulation de troupes et de matériel, entendu tant de cris et de commandements et pour tout dire ou mesurer dans un si petit espace l'activité dont l'humanité en guerre est capable. J'ai vu des hommes de toutes les couleurs, parlant des langues différentes, habillés de costumes divers, faire tous le même geste qui était d'aller se battre.

Les uns avaient l'air grave et pensif, c'étaient des philosophes ou des blessés ; les autres, dont mon cœur a reconnu avant mes yeux la nationalité, s'en allaient chantant, gouaillant, tassés dans des camions comme des grappes de raisin. Des camps improvisés s'installaient dans les houblonnières, les hommes dressant leur tente individuelle, les chevaux rongeant l'écorce des arbres en attendant la ration de fourrage.

Et puis c'était la sempiternelle et toujours

triste litanie des évacués que par mesure de pru=
dence on expédiait à l'arrière. Les chars à bette-
raves chargés à en craquer emportaient les misérables mobiliers ; un berceau dans lequel un
enfant dormait se balançait au rythme des
bœufs attelés ; un petit garçon enfermé dans une
cage à poules somnolait ; une femme obèse
n'avait pas su ou pu emporter autre chose qu'une
lanterne de voiture, etc., etc. C'était l'exode.

Tout à coup, à la sortie de X..., d'une maison
branlante où se tenait un quartier général de
corps d'armée, le maréchal Sir Douglas Haig
sortit avec deux généraux de son état-major. Il
portait ce regard bleu si calme que nous lui
avons toujours connu et sans un geste achevait
de donner ses instructions au général du corps
qu'il venait d'inspecter.

A mi-pente du mont, au carrefour de trois
routes, une marmite allemande nous souhaita la
bienvenue. Une femme attardée s'affaissa de peur
sur le fossé, puis elle s'enfuit.

Deux moines déchaussés sortaient du mona-
stère envahi par la troupe.

La guerre chassait les moines du couvent :
nouvelle séparation. Il était temps pour leur
tranquillité, car déjà des obus trouaient le toit
de la chapelle et les vitraux avaient disparu.

Enfin, du sommet de la côte, la bataille nous apparut dans sa brutalité la plus crue. Elle se déroulait à nos pieds et, pareille à la mer déchaînée, battait le pied de notre observatoire.

A gauche, Wytschaete au dernier plan, reprise par nous cette nuit, s'estompait dans le prolongement du mont Kemmel où les marmites allemandes tombaient régulièrement.

Devant nous, la plaine à perte de vue, coupée de haies et de routes plantées d'arbres, avec, au centre, à moins de cinq kilomètres à vol d'oiseau, Bailleul environné de fumée et de feu ; des fusées s'élevaient des lisières de la ville appelant le secours de l'artillerie ; plus à droite, au milieu de la grande route de Bailleul à Hazebrouk, un clocher qui penche, c'est Meteren où la bataille fait rage depuis ce matin.

Les nôtres, nous a-t-on dit, ont enlevé le village aux Allemands, mais les bandits contre-attaquent et la lutte se déroule sous nos yeux.

Toute la campagne fume et tonne, et voici que précisément à l'horizon, soudain un feu s'allume, puis deux, puis trois. C'est dans la direction d'Hazebrouck. Est-ce une ferme, un village ou un dépôt de munitions ? Impossible de le savoir.

Les yeux une fois remplis de ce spectacle tragique, j'écoute les bruits qui montent de la plaine. Je ne sais pas à quel autre bruit les comparer ; ils sont plus divers que celui de la mer, plus formidables que celui de la foudre, plus continus que celui du tonnerre. Il y a le bruit de deux artilleries qui se cherchent rageusement et qui se répondent à travers la plaine et les monts ; il y a le tac-tac des mitrailleuses que nous percevons fort bien, tantôt ici, tantôt là ; le bruit des avions qui passent et repassent ; les commandements qui se répercutent de batterie en batterie.

Et voici que dans ce concert effroyable, une note originale s'élève tout à coup et nous arrache un éclat de rire : un coq, un coq gaulois, vient de chanter.

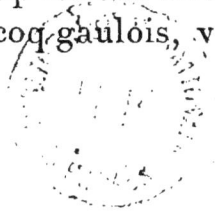

MACON, PROTAT FRÈRES, IMPRIMEURS.

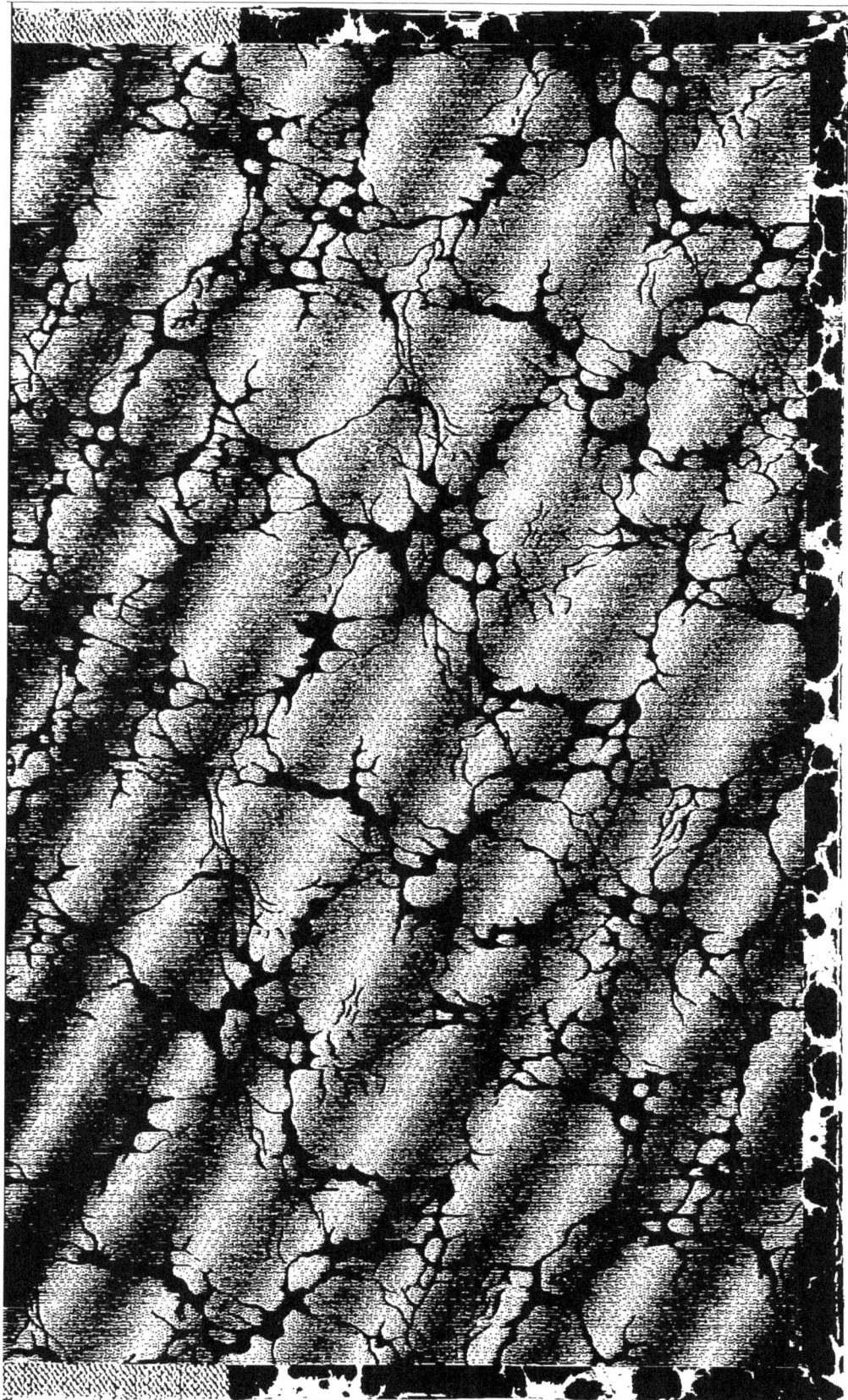